ANDREAS FABER

FENG SHUI IM ALLTAG

Harmonisch leben mit fernöstlicher Weisheit
und europäischer Wohnkultur

tosa

Bildnachweis:

Alno, Pfullendorf: 6, 92
Hamberger Industriewerke, Rosenheim: 68, 106, 109, 115, 126
IFA Bilderteam, München: 56, 70, 103
JAB Anstoetz/Club Creation CC Wohndecor, Bielefeld: 5, 59M (Marginalie), 61, 62, 64M, 65M, 72, 84, 100, 107, 117
Thomas Martin, München: 29M, 30M, 31M, 32M, 55, 57M, 69M, 70M, 71M, 79, 124
Osborne & Little, München: 4, 40, 41, 42, 54, 50, 58M, 59, 65, 65M, 113
Andreas Platz, Landshut: 6, 7, 9, 67

Text und Redaktion: Andreas Faber, Thomas Martin
Grundrißzeichnungen und Illustrationen: Stefan Martin
Umschlaggestaltung von HP-Graph unter Verwendung von Dias von IFA Bilderteam, Osborne & Little sowie einer Skizze aus dem Innenteil
Gestaltung und Satz: Dr. Jörg Meidenbauer Verlagsbüro, München

Druck: Ueberreuter Print & Digimedia
Printed in Austria
ISBN 3-85001-994-2

Vorwort

Skepsis war natürlich meine erste Reaktion, als ich zum ersten Mal von Feng Shui hörte. Warum sollte sich mein Leben durch Möbelrücken verbessern? Was hat eine Tradition aus dem fernen China mit meinem Dasein in Europa zu tun? Doch immer häufiger stieß ich in den Medien auf das rätselhafte Feng Shui. Ich begann, neugierig zu werden. Seit Mitte der neunziger Jahre geben große Unternehmen und Institutionen in Europa und den USA offen zu, ihre Gebäude und Inneneinrichtungen nach den Kriterien des Feng Shui zu gestalten. Die amerikanische Midland Bank oder die britische Fluggesellschaft Virgin Airlines gehören ebenso dazu wie der Popstar Boy George oder der Milliardär Donald Trump. Die bayerische Gemeinde Massing gar hat den kompletten Bebauungsplan für ein Neubaugebiet nach den Regeln des Feng Shui ausrichten lassen.

Den stärksten Eindruck auf mich aber machte eine Begebenheit in meinem Bekanntenkreis. Ein befreundeter Graphiker machte sich selbständig und begann mit Feng Shui im kleinen: Sein Atelier richtete er in der Küche der Wohnung ein, in der er zusammen mit seiner Freundin lebte. Die Geschäfte liefen gut, die Arbeit machte richtig Spaß und bald bekam er mehr Aufträge, als in dem beengten Raum bewältigt werden konnten. Also zog er mit seinem Arbeitsplatz ins Wohnzimmer um. Alles fiel ihm hier schwerer, er wurde unkonzentriert und hatte große Mühe, sich zu motivieren. Er bekam körperliche Beschwerden wie Kopfschmerzen und Sehschwächen. Durch ein Feng Shui-Gutachten wurde festgestellt, daß der Arbeitsplatz im Wohnzimmer vom Chi-Strom weitgehend abgeschnitten war und unter dem Einfluß schlechter Energien stand. Nachdem die Feng Shui-Analyse außerdem ergab, daß die Küche in einem dem Lebensziel »Ruhm« zugeordneten Teil des Hauses liegt, verlegte er den Arbeitsplatz wieder dorthin und das frühere Wohlbefinden stellte sich ein.

Seitdem versuche auch ich, meine Wohnung ständig positiv zu verändern. Nach meiner Erfahrung genügen bereits Kleinigkeiten, um die Stimmung zu heben oder Entspannung zu fördern. So steht mein Schreibtisch seit einiger Zeit in einem Bereich, der stärker Yang als Yin ist. Ohne mein Leben komplett umkrempeln zu müssen, gehen mir viele Tätigkeiten dort leichter von der Hand als früher. Feng Shui ist kein Hokuspokus, sondern schafft ein neues Bewußtsein für alles, womit man sich umgibt. Sie alle kennen das: Es gibt Räume, in denen man sich spontan wohl fühlt und es gibt andere, die man am liebsten ganz schnell wieder verlassen will. Durch Feng Shui weiß ich, daß ich in solchen Fällen selbst Veränderungen zum Besseren herbeiführen kann!

INHALT

木 火

土

水 金

Was ist Feng Shui?

Während der letzten Jahre hat sich in den Ländern der westlichen Welt ein überraschend großes Interesse an fernöstlichen Traditionen entwickelt. Kampfsportarten wie Judo und Karate, die von Japan aus über die ganze Welt verbreitet wurden, sind längst ein selbstverständlicher Bestandteil des sportlichen Lebens. Bis in die achtziger Jahre hinein wurde von der Mehrzahl der westlichen Mediziner die aus China stammende Heilmethode der Akupunktur belächelt und als unwissenschaftlich verworfen.

Erst, als sich immer mehr Menschen von der Schulmedizin abwandten und nach oft jahrelangem unheilbar scheinenden Leiden nach der Anwendung ostasiatischer Methoden völlig unerklärliche Genesungsprozesse durchmachten, nimmt auch die abendländische Wissenschaft die Akupunktur als Heilmethode zur Kenntnis. Gleichwohl ist es der Schulmedizin mit ihren Mitteln noch nicht gelungen, die Wirkungsweise der asiatischen Therapien wirklich zu ergründen. Ein ähnliches Geheimnis umgibt Feng Shui. Niemand kann genau sagen, warum es funktioniert. Aber wer seine unmittelbare Umgebung, sein Haus, seine Wohnung, seinen Garten und seinen Arbeitsplatz nach den Kriterien des Feng Shui analysiert und bewußt umgestaltet, wird eine Steigerung des Wohlbefindens, vielleicht sogar mehr Lebensfreude sowie Erfolg und Erfüllung im Beruf erfahren.

Wie ernst man in Hongkong unsichtbare Energien und Wesen nimmt, zeigt dieser Neubau an der Repulse Bay. Man fügte ein großes Fenster in das Haus ein, damit der auf dem Berg sitzende Drache weiterhin auf das Meer schauen kann.

Feng Shui - eine fest verwurzelte Philosophie

In Ostasien ist Feng Shui bereits seit alters her Teil des alltäglichen Lebens. Kein Haus wird geplant und gebaut, kein Zimmer wird eingerichtet, ohne daß die Örtlichkeit und seine Beschaffenheit nicht nach den Kriterien des Feng Shui ausführlich untersucht würden. Selbst Grabstätten werden unter Feng Shui-Gesichtspunkten ausgewählt und gestaltet. Da für die Chinesen traditionell der Ahnenkult sehr wichtig ist, kommen für die letzte Ruhe nur außerordentlich günstige Orte in Frage. Das Leben mit Feng Shui ist so fest im Alltag verwurzelt, daß diese Philosophie auch die ungeheuren kulturellen, gesellschaftlichen und politischen Umwälzungen, die den Fernen Osten speziell im 20. Jahrhundert radikal verändert haben, überlebte. Gleichgültig, ob ein weltweit operierender Konzern im europäisch geprägten Hongkong einen Wolkenkratzer errichtete oder sich kommunistische Funktionäre in Peking eine Siedlung bauen ließen - immer fanden die Regeln des Feng Shui Anwendung. Als die ersten westlichen Unternehmen mit der fernöstlichen Weisheit experimentierten, taten sie dies zunächst mit großer Diskretion. Niemand wollte sich vor seinen Geschäftspartnern mit der Anwendung »unwissenschaftlicher Methoden« lächerlich machen. Aber vielen Spitzenmanagern erschienen die ersten Versuche mit Feng Shui als ein Mittel, um die Ursachen für die ungeheure Produktivität und das entspannte Arbeiten ihrer chinesischen und japanischen Konkurrenten zu finden. Verblüffenderweise wirkte die Umgestaltung des Arbeitsumfeldes nach den Regeln des Feng Shui auch bei den westlichen Bankern, Versicherungsmaklern und Kaufleuten. Der Typus des motivierten, glücklichen und von seiner Arbeit erfüllten Mitarbeiters wurde das neue Ideal - dank Feng Shui.

Moderne und Tradition verbinden sich in Asien trotz der Gegensätze zu einer sehr leistungsfähigen Industriegesellschaft, die dem Rest der Welt in vielen Dingen zum Vorbild wurde.

Wohnen mit Feng Shui - eine praktische Lehre

Feng Shui funktioniert - ob Sie daran glauben oder nicht

Was den von westlichen Maßstäben geprägten Menschen an den Weisheiten des Fernen Ostens fasziniert, ist die ganzheitliche Beurteilung des Menschen in seiner Umgebung. Während die Wissenschaft des Okzidents darauf basiert, den zu betrachtenden Gegenstand in seine Einzelteile zu zerlegen, um ihn beurteilen und einordnen zu können, steht im Orient die Verschmelzung aller Erscheinungen der sichtbaren als auch der unsichtbaren Welt im Vordergrund. Die zwischen den Dingen strömenden Kräfte und ihre Regeln zu erkennen, heißt, sich der Natur und ihren Regeln zu nähern. Feng Shui bedeutet, seine Umwelt durch bewußtes Handeln so zu ordnen, daß man sich selbst in Harmonie mit seiner unmittelbaren Umgebung befindet. Natürlich dürfen Sie sich von Feng Shui keine Wunder erwarten. Es ist keine Zauberei, keine Magie, sondern nur einer von vielen Faktoren, die ihr Leben bestimmen, auf die Sie aber Einfluß nehmen können. Allein die Möglichkeit, über das, was auf sie einwirkt, Kontrolle ausüben zu können, verschafft bereits Wohlbefinden. Dem auf Rationalität gegründeten Denken der westlichen Welt ist die Idee fremd, daß das Umstellen eines Schreibtisches, das Aufhängen eines Kristalls im Fenster oder der Wechsel eines Tischdeckenmusters gravierende Auswirkung auf das alltägliche Leben haben können. Manche Feng Shui-Kenner empfehlen daher, eine der Grundlagen westlicher Psychologie für sich zu nutzen: Das Unbewußte. Wenn nach Veränderungen auf der Grundlage der Feng Shui-Prinzipien die Kollegen sympathischer und kooperativer wirken, sich die Spannungen mit dem Ehepartner allmählich lösen oder das eigene Geschäft nach einer langen Flaute wieder läuft, dann erklären sie diese Veränderungen damit, daß allein das tätige Handeln in ihrem direkten Umfeld ihr Unbewußtes so beeinflußt, daß sie sich wohler fühlen und ihnen deshalb mehr gelingt. So oder so: Feng Shui funktioniert - ob Sie daran glauben oder nicht.

Der Umgang mit Feng Shui

Wenn Sie mit Ihrem Leben eigentlich zufrieden sind, sollten Sie sich keine Sorgen und Probleme einreden. Ziel von Feng Shui ist es vor allem, das Lebensumfeld zu optimieren. Dazu können Sie mit Kleinigkeiten einen Beitrag leisten, wenn Sie die Regeln von Feng Shui kennen. Sollten Sie sich jedoch unwohl fühlen, ist zu empfehlen, es mit Feng Shui zumindest einmal zu probieren. Es kann passieren, daß die Lage Ihres Hauses oder der Zuschnitt Ihrer Wohnung ein schlechtes Feng Shui hat. Das bedeutet aber nicht, daß Sie Ihr

Eigenheim abreißen oder in Ihrer Wohnung Wände durchbrechen müssen. Zur Kunst des Feng Shui gehört, mit möglichst wenigen Mitteln vorgegebene Bedingungen positiv zu beeinflussen. Selbst, wenn Sie nach der Lektüre dieses Buches eine Vielzahl von Störungen gefunden haben, die Sie unbedingt aus der Welt schaffen wollen, lassen Sie es ganz langsam angehen. Ändern Sie erst nur ein einziges Element und spüren Sie die Wirkung. Gehen Sie dann Schritt für Schritt vor und lassen Sie sich Zeit für jede Veränderung. Dieses Buch will Ihnen praxisnahe Vorschläge machen, für die Sie keine original chinesischen Einrichtungsgegenstände, keine Bambusflöten und Seidenfächer benötigen. Es stellt einige im Westen leicht verständliche Schulen und Methoden des Feng Shui vor, die Ihnen einen Einblick in die Art des fernöstlichen Denkens geben, und Ihnen einige wesentliche Gesetzmäßigkeiten näherbringen.

Was ist Ihr Problem?

- Der erste Schritt zu einer Harmonisierung der Lebensumstände ist, Ihr Problem zu erkennen und zu benennen. Machen Sie sich eine Aufstellung, in welchem Lebensbereich Sie Schwierigkeiten haben, Stagnation und Unzufriedenheit wahrnehmen. Werden Sie sich darüber klar, an welcher Stelle in Ihrem Dasein eine Änderung erfolgen muß. Wenn Sie Ihr Problem erkannt haben, können Sie bereits erste Ziele formulieren.

- Gehen Sie anschließend aufmerksam durch Ihre Wohnung oder Ihr Haus und versuchen Sie herauszufinden, was Sie stört. Oft sind es nur scheinbar

In Hongkong werden viele moderne Gebäude nach Feng Shui-Kriterien konzipiert – so auch die Bank of China.

unbedeutende Dinge, die eine Störung des Energieflusses verursachen. Aber die Störung ist da und kann ein ganzes Haus schwächen. Wenn man die Wohnumgebung nach den Prinzipien des Feng Shui untersucht, erkennt man die Störfaktoren und kann sie beseitigen.

Was bedeutet Feng Shui?

風

Wind

水

Wasser

Zeitpunkt und Ort der Entstehung von Feng Shui sind heute nicht mehr exakt nachzuvollziehen. Das Kernland ist zweifellos China, aber auch aus Tibet gibt es zahlreiche frühe Zeugnisse dieser Lehre. Erste Erwähnungen sind für die Jahre ab 4000 v. Chr. verbürgt. Es ist anzunehmen, daß Naturbeobachtungen die Grundlage des Feng Shui sind. Zu allen Zeiten waren die Menschen darauf angewiesen, ausreichend Nahrung zu finden und über einen sicheren Wohnort zu verfügen. Zunächst galten Wind und Wasser als die entscheidenden Kriterien für die Auswahl eines Platzes: »Wind« ist »Feng«, »Wasser« ist »Shui«. Wolken, die Verbindung von Wind und Wasser, betrachtete man aufgrund ihrer Position als Verbindungsglieder zwischen Himmel und Erde.

Das Studium der Natur zeigte, daß manche Orte besser für Ackerbau und Viehzucht geeignet waren und angenehmere Lebensbedingungen boten als andere. Dies bezog sich nicht nur auf leicht nachvollziehbare Äußerlichkeiten wie gemäßigtes Klima und fruchtbaren Boden. Auch augenscheinlich gute Plätze erwiesen sich manchmal als ungeeignet für eine menschliche Behausung. Für die Wahl eines Aufenthaltsortes war also auch eine Qualität entscheidend, bei der die Dinge der sichtbaren Welt im Einklang mit unsichtbaren Energie-

»Europäisches Feng Shui«

Noch bis in die Neuzeit hinein wird von europäischen Bauherren die sogenannte »Geomantie« betrieben, bei der Grundrißgestaltung, Proportionen, Standortbestimmung und Materialauswahl im Sinne einer Optimierung der Energieströme ausgeführt wurden. In Europa verloren sich diese Kenntnisse im Herrschaftswissen weniger Geheimbünde, die sich häufig in Widerspruch zu den Vorstellungen der christlichen Kirche stellten. Mit diesen Bünden starb im Verlauf der frühen Neuzeit auch das alte Wissen keltischer und germanischer Priester aus.

strömen stehen. Solche Orte spielten auch in anderen Kulturen der Welt eine Rolle: In Europa bewahrten die Druiden dieses überlieferte Wissen und planten Bauwerke wie den Tempel von Stonehenge. Auch die Standorte und Ausrichtungen der ägyptischen Pyramiden sind nach Berechnungen kosmischer und irdischer Energiefelder ausgewählt, und in Mittel- und Südamerika entstanden ähnlich wie in China ganze Städte nach Prinzipien, die ebenso bei Feng Shui Anwendung finden.

Alte Kulturen wußten um die besonderen Energien an bestimmten Orten und errichteten dort ihre Heiligtümer – der Tempel von Stonehenge ist dafür ein Beispiel.

Obwohl Feng Shui auch in China phasenweise von den Kaiserdynastien als Herrschaftswissen gehütet wurde, gab es immer wieder Jahrhunderte, in denen die Prinzipien des Feng Shui vom einfachen Volk eingesetzt wurden. Die wenigen schriftlichen Hinweise auf Feng Shui, die überliefert sind, finden sich sowohl in höfischer Dichtung als auch in medizinischen Aufzeichnungen und in Volkserzählungen.

Das Bagua eines Schildkrötenpanzers

Eine der bekanntesten Legenden erzählt den Ursprung des heute vor allem bei westlichen Feng Shui-Anhängern populären Bagua-Diagramms. Nach dieser Überlieferung beobachtete der mit der Fähigkeit des Wahrsagens begabte König Fu Hsi, wie eine Schildkröte und ein Pferd aus dem Fluß Ho kletterten. Sowohl auf dem Rückenpanzer der Schildkröte als auch dem Körper des Pferdes hatten sich spezielle Muster aus Wassertropfen gebildet, die die Grundlage der acht Trigramme des Bagua-Diagramms wurden. Aus diesem graphischen Muster entwickelte sich später die sogenannte »Formale Schule« des Feng Shui. Die Geschichte soll sich 2205 vor unserer Zeitrechnung zugetragen haben. Rund 1000 Jahre später entwickelte König Wen aus dem Diagramm eine Folge von 64 Hexagrammen, deren Deutung im »I-Ging« oder »Buch der Wandlungen« eines der wichtigsten literarischen Zeugnisse des alten China ist und noch heute für Vorhersagen Verwendung findet. Während des ersten Jahrhunderts unserer Zeitrechnung bildeten sich die vier Schulen des Feng Shui. Die zwei von westlichen Feng Shui-Praktikern bevorzugten Schulen, deren Methoden auch dem Feng Shui-Novizen aus dem Abendland leicht anschaulich sind, werden in diesem Buch vorgestellt und angewendet: die Methode der Acht Richtungen und die Formale Schule. Letztere wurde zuerst von Bewohnern der Gebirgsregionen angewendet und orientiert sich an der Gestalt der Landschaft sowie dem Hauseingang. Der ideale Zuschnitt eines Hauses oder einer Wohnung wird mit Hilfe eines Gitterdiagramms, dessen neun Felder die Lebensbereiche repräsentieren, ermittelt. Für die Schule der Acht Himmelsrichtungen ist der Kompaß das wichtigste Instrument. Auf der Grundlage des Wissens um die von der Sonne auf die Erde einwirkende Strahlung, die vom irdischen Magnetfeld und den Planetenkonstellationen in ständigem Fließen gehaltenen Ener-

Wie die Ägypter berechneten auch die Azteken irdische und kosmische Energiefelder, um den optimalen Standort für ihre Pyramiden zu finden.

giestrӧme werden jeder der vier Haupthimmelsrichtungen und jeder der vier Nebenhimmelsrichtungen bestimmte Eigenschaften zugeordnet. Diese Eigenschaften bilden die Voraussetzung für die Ausrichtung eines Bauwerks und für die Lage der verschiedenen Funktionsbereiche innerhalb des Gebäudes. Beachten Sie dabei, daß der orientale Kompaß gegenüber dem im Westen gebräuchlichen Kompaß mit Nordausrichtung um 180 Grad gedreht ist: Der Süden erscheint oben, der Norden unten. Trotz mancher auch widersprüchlicher Interpretationsansätze haben alle Schulen die wesentlichen Elemente des Feng Shui gemein: die Vorstellung vom stetigen Fluß der Energie, vom antagonistischen Verhältnis zwischen Yin und Yang, den Einflüssen der Fünf Elemente und der Bedeutung der acht Trigramme.

Die Prinzipien des Feng Shui

»Chi« – den »kosmischen Atem« – nennt man in der fernöstlichen Lebensphilosophie die Energiefelder und -ströme, die das Universum durchfließen und die Materie sowie alle Lebewesen miteinander verbinden – so auch den Menschen und seine Umgebung. Ein frei strömendes Chi ist die Grundvoraussetzung für Wohlbefinden, Glück und Erfolg. In diesem Teil erfahren Sie, welche Energien uns umgeben und welche Eigenschaften sie besitzen. Sie lernen die verschiedenen Prinzipien des Feng Shui kennen, die Ihnen später helfen sollen, Ihr Umfeld richtig zu analysieren und optimal zu gestalten.

Das Chi verbindet uns mit dem Universum

Chi, die grundlegende Urkraft der Welt, die Universal-Energie der östlichen Geisteslehre

»Chi« ist ein Wort, für das es in der deutschen Sprache wie auch in den anderen europäischen Sprachen keine richtige Entsprechung gibt. Wörter wie »Atmosphäre«, »Geist« oder »Lebenskraft« bezeichnen die Bedeutung von Chi nur ungefähr. Es handelt sich dabei um feinstoffliche elektromagnetische Energien, die das gesamte Universum umschließen und alles, was sich darin befindet, miteinander verknüpfen. Die Erkenntnis vom ständigen Fluß des Chi ist die Grundlage der gesamten fernöstlichen Wissenschaft, besonders der Astrologie und der Medizin. In Japan wird diese Energie »Ki« ausgesprochen (bei uns auch in der Schreibweise »Qi« bekannt), in Indien wird der Ausdruck »Prana« dafür verwendet. Es gibt zwei gegensätzliche Strömungen, deren Zusammenwirken ein hochaktives Wirkungsfeld erzeugt. Der von der Erde in das Universum aufsteigende Strom ist die Erdkraft, die aus dem Weltall auf die Erde einströmende Energie ist die Himmelskraft. Da sowohl die Erde als auch die übrigen Gestirne ständig in Bewegung sind und ihre Positionen untereinander ständig verändern, ist auch die Bewegung des gesamten Chi unablässiger Veränderung unterworfen. Die Gegenläufigkeit der beiden Ströme und die Richtungswechsel erzeugen wechselnde Intensitäten der Strömungen und Wirbel. Dieses wellenförmige oder mäanderartige Fließen, das die altchinesischen Philosophen den »kosmischen Atem« nannten, wirkt sich entlang der Erdoberfläche unmittelbar auf einzelne Menschen oder bestimmte Orte aus.

Die Adern des Drachen anzapfen

Eine wichtige Rolle für die Bewegungen des Chi-Stroms spielt die Oberflächenbeschaffenheit. Berge, Wälder, Flüsse und Seen haben ebenso ihren speziellen Einfluß wie bebautes Land in Form von Dörfern oder Städten. Am Beginn des Feng Shui-Prozesses steht daher die Betrachtung der Umgebung eines Hauses. Die Umgebung umfaßt dabei alles, was von dem Gebäude oder seinem zukünftigen Standort aus zu sehen ist. Die chinesische Folklore beschreibt diese Untersuchung des Wohnumfeldes als »die Adern des Drachen anzapfen« (im Gegensatz zum Abendland ist der Drache in der Mythenwelt des Fernen Ostens ein glückverheißendes Fabelwesen). Oberstes Ziel dabei ist, das Chi ungehindert fließen zu lassen und an gewissen Punkten zu Kraftzentren zu bündeln. Eine Umgebung, die so beschaffen ist, daß die Energieströme stagnieren, ist für die Entfaltung von Gesundheit und Wohlstand ebenso ungeeignet wie völlig freies Gelände, auf dem sich das Chi beschleunigt und zerstreut. Eine ideale Topographie ist eine Gebirgslandschaft mit einer Mischung von sanften Hügeln und schroffen Bergen, von mäanderartigen Flußläufen und locker verteiltem Pflanzenbewuchs. Grundsätzlich ist sogar eine Stadtgestaltung denkbar, die einen optimalen Chi-Fluß gewährleistet, aber in der Realität sind Städte Orte, an denen das Chi regelrecht unterdrückt wird. Auch ein Kanal, eine lange Brücke oder schnurgerade verlaufende Trassen von Eisenbahnlinien und Autobahnen sind einem gleichmäßigen Chi-Strom abträglich. An den langen Geraden wird das Chi schnell und gefährlich. Nichts, was natürlich gewachsen ist, ist wirklich gerade, und so finden sich überall, wo der Mensch lange Geraden gebaut hat, belastende Energien.

Himmels- und Erdkraft – zwei gegensätzliche Strömungen, die unser Leben auf dem »Blauen Planeten« in ständig wechselnden Strömungen bestimmen.

Das Sha und die Geheimen Pfeile

Nicht jede Energie ist eine positive Kraftquelle. Unter bestimmten Umständen bildet sich »Sha« oder »Sha Chi«, was so viel bedeutet wie »tödlicher Atem«. Neben den bereits genannten langen Geraden sind die großen Städte nach europäischer Bauart Brutstätten »tödlichen Atems«. Lange und breite Boulevards oder schachbrettartig angelegte Stadtviertel erzeugen Chi-Highways, auf denen die hindurchbrausende kosmische Energie sich von ihrer unangenehmsten Seite zeigen kann. Ein weiteres negativ wirkendes Phänomen, das vor allem in der verdichteten Bebauung der Städte auftritt, sind die »Geheimen Pfeile«. Dies sind Sha-Energien, die in positives Chi eindringen und dieses nachteilig verändern. Sie entstehen dann, wenn Fluchtlinien oder andere Geraden unmittelbar auf den Eingang eines Hauses gerichtet sind. Verursacher können sowohl die Stangen von Bushaltestellen als auch Telegraphenmasten oder Kirchtürme sein. In der Zeit, als Ostasien durch europäische Kolonisatoren besiedelt wurde, entstanden viele Konflikte schon allein dadurch, daß Kirchen ohne Rücksicht auf die Prinzipien des Feng Shui errichtet wurden und sich die einheimischen Menschen durch die vom Glockenturm ausgehenden Geheimen Pfeile bedroht fühlten. In der ehemaligen britischen Kronkolonie Hongkong gibt es eigene Feng Shui-Berater, die im Falle von Neubauten Gutachten erstellen und manchem unkundigen Bauherrn damit viel Geld und Ärger ersparen - in Hongkong ist der Bruch von Feng Shui-Regeln übrigens strafbar.

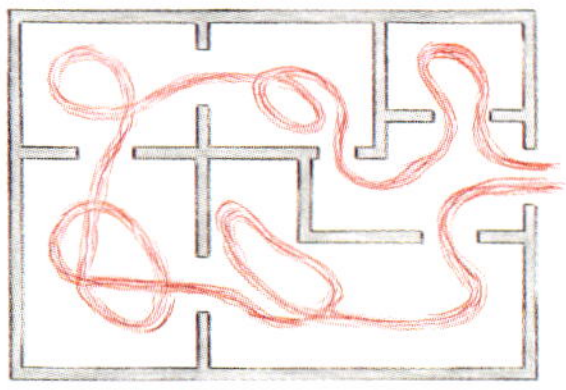

Voraussetzung für Wohlbefinden, Glück und Erfolg: der freie Fluß des Chi durch alle Räume des Hauses.

Das Chi im Haus

Die kosmischen Strömungen umfließen nicht nur die Oberfläche der Erde, sondern durchfließen auch Gebäude, wo immer sie Zutritt finden. Das Chi dringt durch die Eingangstür in ein Haus ein, durchwandert alle Räume und tritt durch eine Öffnung auf der gegenüberliegenden Seite wieder aus. Trotz aller zirkulierender Bewegung wird das Chi nicht aus dem gleichen Eingang wieder austreten, durch den es hineingekommen ist. Wird es dazu gezwungen, entstehen störene Wirbel, Irritationen und Störungen. Unter Umständen stagniert die Energie in einem fensterlosen, nicht benutzten Raum und stirbt. Den Weg, den die Energie nimmt, bestimmen äußere Faktoren wie Standort, Ausrichtung, Form und Material des Hauses. Einflüsse sind außerdem die Planetenkonstellationen und die atmosphärischen Veränderungen im Verlauf der Jahreszeiten. Oberstes Ziel des Feng Shui ist es, eine störungsfreie Zirkulation zu gewährleisten. Dazu gehört, daß die Energie in alle Teile des Hauses gelan-

Lange Straßenschluchten, schachbrettartig angelegte Stadtviertel und hochaufragende Gegenstände oder Bauten verursachen negatives Chi.

gen kann. Im Sinne eines guten Feng Shui sollten Sie darauf achten, die Wohnung nicht zu sehr mit Möbeln und Dekorationsstücken voll zu stellen. Grundsätzlich gilt auch hier: Weniger ist mehr. Sauberkeit und Aufgeräumtheit sind zwar selbstverständliche Voraussetzungen für moderne Haushaltsführung, aber um ein gutes Feng Shui zu erreichen, sind sie unabdingbar. Staub zum Beispiel hat eine eigene Chi-Energie, die umso stärker stagniert, je älter sie ist.

Stagnierendes, schnell fließendes und Schneidendes Chi

Auch das langsam fließende Chi liegengelassener Gegenstände kann zur Erschöpfung der Bewohner beitragen ebenso wie lange gelagerte Dinge. Zum großen Frühjahrsputz sollte beispielsweise gehören, auch Schränke, Speicher, Keller und andere Lagerräume daraufhin zu untersuchen, ob Sie die dort aufbewahrten Dinge tatsächlich noch gebrauchen können. Trennen Sie sich lieber von etwas, als daß Sie ein langsames Chi in Kauf nehmen - Rumpelkammern und feuchte Räume stellen mittelfristig ein Risiko dar, können Gesundheitsprobleme oder eine allgemeine Orientierungslosigkeit im Leben der Bewohner heraufbeschwören. Prüfen Sie bei dieser Gelegenheit, ob Sie tatsächlich alle Räume des Hauses oder der Wohnung regelmäßig nutzen. Ein Gästezimmer etwa, das nur einmal im Jahr für ein paar Tage bewohnt ist, hat ebenfalls ein stagnierendes Chi, das, übers Jahr gesehen, das ganze Haus und seine Bewohner schwächen kann. Ungünstig sind auch synthetische Baumaterialien, Kunststoffe, elektrische Geräte oder Klimaanlagen. Andererseits ist ein zu schnell fließender Chi-Strom unvorteilhaft. Lange Korridore mit wenigen Türen oder Fenstern stellen Geraden dar, auf denen sich der Chi-Strom beschleunigt, ähnlich wie auf Autobahnen in der freien Natur, wo ebenfalls schnell fließendes Chi entsteht. Wer sich regelmäßig in einem Raum am Ende eines langen Korridors aufhält, wird bald von innerer Unruhe und Nervosität geplagt sein. »Schneidendes Chi« ist vergleichbar mit den Geheimen Pfeilen im Außenbereich des Hauses bzw. in den Innenräumen, wenn sich direkt gegenüber Ihrem Haus oder dem Möbelstück, das sie gerade benutzen, eine scharfe Kante befindet. Das um diese Ecke fließende Chi erzeugt Wirbelströme, die sich störend auf Ihr eigenes Chi auswirken. Die Folgen eines dauerhaften Einflusses von Schneidendem Chi können physische wie psychische Erkrankungen sein. Gebäude haben auch die Eigenart, etwas von der Chi-Energie, die sie einmal durchflossen hat, zu speichern. Wenn Sie also ein älteres Haus beziehen, versuchen Sie, etwas über das Schicksal der Menschen, die vorher dort wohnten, herauszufinden. Wenn Sie auf ungünstige Lebensgeschichten stoßen, sollten Sie über Maßnahmen zur Änderung des vorhandenen Feng Shui nachdenken.

Das Chi des Menschen

Jeder Mensch hat eine Aura

Die Chi-Energie durchströmt nicht nur Landschaften und Häuser, sondern fließt auch im Inneren des Menschen. Wir nehmen diese Energie ständig in uns auf: Über die Haut, dem größten Organ des menschlichen Körpers, und mit der Nahrung, die man zu sich nimmt. Nach den Vorstellungen der ostasiatischen Medizin durchströmt das Chi den menschlichen Körper, wie man es vom Blutkreislauf her kennt. Ähnlich wie das Blut Sauerstoff und die aufbauenden Substanzen aus der Nahrung in jeden Teil des Körpers transportiert, leitet das Chi seine Energien auf sogenannten Meridianen weiter, die unmittelbar unter der Oberfläche der Haut über die Mittelachsen des Körpers und der Körperteile verlaufen. Den inneren Organen, die für die Zirkulation des Blutes oder für die Reinigung von Stoffwechselprodukten zuständig sind, entsprechen sieben Chakren. Jedes Chakra ist ein Energiezentrum zur Weiterleitung oder Umwandlung des Chis für die speziellen Bedürfnisse der jeweiligen Körperregion. Der Kopf verfügt über drei Chakren: Das Kronenchakra, das Stirnchakra und das Halschakra. Der Oberkörper enthält das Herzchakra, den Solarplexus, das Sakralchakra in Nabelhöhe sowie das Wurzelchakra in Höhe der Genitalien. Dabei ist der Energiestrom nicht nur unmittelbar auf den Körper beschränkt. Jeder Mensch hat eine Aura, die ein mindestens zehn Zentimeter weit reichendes Energiefeld um den Körper bildet. Unter besonders günstigen

Umständen kann diese Aura auch bis zu eineinhalb Metern betragen.

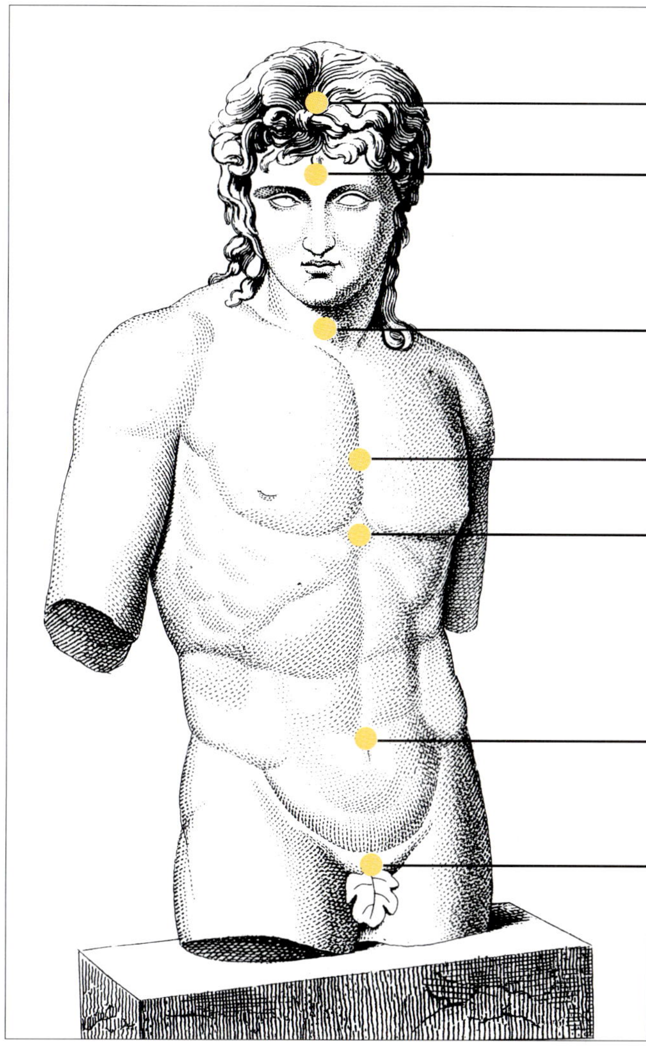

Auf Meridianen fließt das Chi durch den menschlichen Körper. An den Chakren konzentriert sich die Energie und wird an die jeweiligen Körperregionen weitergeleitet.

Akkumulation und Verstopfung

Kein Wunder also, daß diese starken energetischen Schwingungen, die für den untrainierten Menschen nicht leicht zu erkennen sind, sich aber mit Hilfe der Feng Shui-Prinzipien steuern lassen, beständige Auswirkungen auf die körperlichen und geistigen Kräfte sowie das Wohlbefinden und den Umgang mit anderen Menschen haben. Wenige Spezialisten, die sich einer besonderen Ausbildung unterzogen haben, können die Energiefelder in und um ihren Körper direkt steuern. Dazu ist eine bestimmte Atemtechnik erlernbar, die zu Akkumulationen von Chi an bestimmten Stellen des Körpers führt. Mit diesen Energieansammlungen wird der menschliche Körper zu Kraftanstrengungen fähig oder erreicht eine Unempfindlichkeit gegenüber Schmerz, die man normalerweise als nicht mehr menschlich bezeichnen würde. Praktiken japanischer Kampfkunst oder indischer Religionsausübung sind in den westlichen Industrienationen oftmals unverbindliche Unterhaltungsnummern für Zirkus und Film geworden, sind aber nichtsdestoweniger ein Beweis für das Vorhandensein dieser Energien und ihrer ungeheuerlichen Kräfte. Auf einem Nagelbrett liegen, barfuß über glühende Kohlen laufen, eine Betonplatte mit der bloßen Handkante entzweischlagen oder einen Ziegelstein mit dem Kopf zertrümmern sind ohne bewußte Kontrolle über die kosmischen Energien im menschlichen Körper undenkbar.

Das bedeutet umgekehrt jedoch, daß dieses System auch für Störungen anfällig ist. So wie ein Blutgefäß des Herzens durch falsche Ernährung oder unzureichenden Streßabbau Kalkablagerungen bilden kann, die schließlich zu einer tödlichen Verstopfung der Adern führen, können Einflüsse von außen auch den Energiestrom entlang der Meridiane irritieren oder gar unterbrechen. Ursache dafür kann schlechtes Chi in der Umgebung des Erkrankten sein. Ein traditionelles Heilmittel aus dem alten China ist die Akupunktur. Mit feinen Nadeln werden bestimmte Körperstellen gereizt, wodurch Störungen »abfließen« sollen. Die Akupunktur ist so etwas wie eine medizinische Variante des Feng Shui, die mit gezielten Maßnahmen positiven Energiefluß sicherstellt und damit Gesundheit und Wohlbefinden schafft.

Das sollten Sie wissen

An Orten, an denen sich Chi konzentriert, kann man feststellen, daß überdurchschnittlich viele Menschem mit ihrem Leben zufrieden sind, über ein besseres Konzentrationsvermögen verfügen, bessere intellektuelle Fähigkeiten besitzen, eine stabilere Gesundheit und mehr Glück haben. »Glück« trägt in der chinesischen Vorstellungswelt nicht, wie im Westen, den Zufall als bestimmenden Faktor in sich, sondern ist das Ergebnis bewußten, zielorientierten Handelns - zum Beispiel, den Regeln des Feng Shui zu folgen und damit aktiven Einfluß auf die zufließenden Energien zu nehmen. Selbstverständlich gibt es auch negative Energien, beziehungsweise Strömungen, die durch falsches Feng Shui einen schädigenden Charakter bekommen. Wenn Ihr Haus oder Ihre Wohnung also nicht dem Chi entspricht, das natürlicherweise an diesem Ort vorherrscht, so arbeiten Sie gegen das Chi. Es ist fraglich, ob Sie sich lange gegen eine Energie behaupten können, die nach alter Überlieferung der »Atem des Kosmos« genannt wird.

Die Kraft des positiven Gefühls

Um mit Feng Shui langfristig eine Harmonie zwischen sich und dem Kosmos herzustellen, ist es daher wichtig, daß Sie jede Veränderung, die Sie durchführen, um das Feng Shui zu verbessern, mit positiven, freundlichen Gedanken verbinden. Eine Maßnahme, die Sie aus Verärgerung, Trotz, Neid, Eifersucht oder gar Verzweiflung ausführen, wird die schlechten Energien dieser Emotionen auch in die neue Situation einfließen lassen. Jeder von Ihnen kennt Menschen, die mißmutig durch den Alltag gehen und die schönen Seiten des Lebens gar nicht an sich herankommen lassen. Auf diese Weise werden schwächende Einflüsse, also negatives Chi, mit der Zeit gebündelt und verstärkt. Wer in der Lage ist, positiv zu denken und seine Kraft auch aus dem vielleicht wenigen Guten, das ihm widerfährt, zu ziehen, nimmt den schlechten Energien Nahrung und wird Störungen nicht als Belastungen oder gar unüberwindliche Hindernisse für sein Leben wahrnehmen. Wenn ein Hochleistungssportler nach einem für ihn schlecht ausgegangenen Wettkampf davon spricht »mental nicht gut drauf« gewesen zu sein, so verbirgt sich hinter dieser zunächst vielleicht nichtssagenden Floskel die uralte Erkenntnis, daß auch ein guttrainierter Körper erst durch das Gleichgewicht von Geist und Körper zu wahrer Höchstleistung fähig ist. Oberstes Prinzip von Feng Shui ist daher die Ausgeglichenheit, die Balance zwischen widerstrebenden Kräften. Die Grundlage dafür ist die Vorstellung zweier antagonistisch aufeinander wirkender Impulse: Yin und Yang.

Yin und Yang – die Balance der Welt

Das gesamte Dasein wird von der Dynamik antagonistischer Kräfte beherrscht. Das Leben ist im Grunde nichts anderes als der Versuch, den Ausgleich zwischen den Extremen zu suchen, einen Platz zu finden zwischen gegensätzlichen Prinzipien. In der christlichen Welt gibt es dafür die Gegensätze von Licht und Dunkel, Gut und Böse, Himmel und Erde. In der Natur gibt es die Polarität von Tag und Nacht, die den Ablauf des Lebens gleichzeitig in eine Struktur gegensätzlicher Zustände bringt: Aktivität und Ruhe. Die Jahreszeiten vollziehen sich im Wechsel von Wärme und Kälte. Der Mensch atmet ein und atmet aus.

Himmel und Erde, Licht und Dunkel, männliches und weibliches Prinzip – unsere Welt ist von Polaritäten geprägt. Im Fernen Osten sind Yin und Yang Ausdruck für das Mit- und Gegeneinander dieser antagonistischen Kräfte.

Im Fernen Osten bildet das Gegenüber von Yin und Yang die Grundlage der gesamten Weltanschauung. Damit ist die ganze Kosmologie in ein Bild gefaßt. Während die meisten der großen Weltreligionen den Antagonismus von Himmel und Hölle beschreiben und damit eine lineare Bewegung, die im ungünstigen Fall nach unten, im günstigen nach oben führt, ist das Symbol für Yin und Yang ein Kreis. In diesem Kreis finden sich wiederum zwei Kreisfiguren, die die Radien des Gesamtkreises füllen. Einer dieser Kreise ist schwarz, der andere weiß. In jedem dieser Innenkreise befindet sich ein weiterer, sehr kleiner Kreis in der jeweils anderen Farbe. Der dunkle Teil ist Yin, der helle Teil ist Yang. Yin wiederum repräsentiert die Erde, Yang den Himmel. Der gesamte Kreis bildet das Universum ab. Dieses anschauliche graphische Modell steht für die Erreichung der vollkommenen Harmonie, des perfekten Ausgleichs zwischen Yin und Yang.

Die Weisheit und Lebensklugheit dieses Modells besteht darin, daß jedes auch in seinem Gegenteil enthalten ist und das eine nicht ohne das jeweils andere auskommen kann. Ein Modell, das mit den Plus- und Minuspolen einer Batterie vergleichbar ist - erst wenn die Ladung durch beide Pole hindurchgeht, wird die gewünschte Energie erzeugt. Ähnlich verhält es sich in dem Verhältnis zwischen männlichem und weiblichem Prinzip: Jede Frau enthält etwas Männliches, und jeder Mann besitzt Weibliches in seinen Anlagen. Die Aufgabe eines Paares besteht darin, einen harmonischen Ausgleich zwischen dem Yang des Mannes und dem Yin der Frau zu finden. Das läßt sich auch auf andere Lebensbereiche übertragen: Eine schnelle Karriere zu machen, kompromißlos nach gehobenem gesellschaftlichem Status zu streben und großen Reichtum zu erwerben, wäre eine Überbetonung des Yang auf Kosten eines glücklichen Zusammenlebens mit anderen Menschen, was in diesem Falle dem Yin entspräche. Diese Disharmonie kann zum Gegenteil des Angestrebten führen. Der Yang-bestimmte Erfolgsmensch wird alles Erreichte wieder verlieren, weil ihm das entgegengesetzte Prinzip fehlt. Das völlige Fehlen von Yin bedeutet Tod.

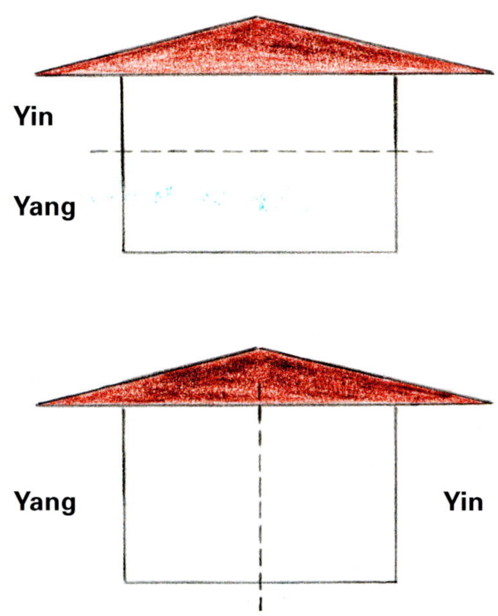

In jedem Haus gibt es Yin- und Yang-Bereiche. Das Erdgeschoß und die linke Haushälfte haben eher männliche Energie (Yang), das Obergeschoß und die rechte Haushälfte eher weibliche (Yin).

Eigenschaften des Yin	
schwarz	weiß
Dunkelheit	Helligkeit
Weiblichkeit	Männlichkeit
Jugend	Alter
Mond	Sonne
Erde	Himmel
Körper	Seele
Weichheit	Härte
Schwere	Leichtigkeit
Feuchtigkeit	Trockenheit
Trübheit	Reinheit
Passivität	Aktivität
aufnehmen	eindringen
organische Formen	spitze und geometrische Formen
Flachheit	Tiefe
Berg	Tal
rückwärtsgewandt	vorwärtsgewandt
Kälte	Hitze
Beruhigung	Anregung
Reaktion	Aktion
Nacht	Tag
Tiger	Drache
Obergeschoß	Erdgeschoß
Hausrückseite	vordere Hausseite
rechte Haushälfte	linke Haushälfte
negativ	positiv
	Eigenschaften des Yang

Diese Zuordnungen sind nicht absolut zu sehen. Man muß sie in Relation zueinander setzen. Das heißt, ruhiges Dasitzen ist im Vergleich zum Schlaf mehr Yang, im Vergleich zu Arbeit jedoch mehr Yin. Das angestrebte Ziel ist die Harmonie zwischen beiden Prinzipien. Diese kann erreicht werden, indem etwas, das mehr Yin ist, mit etwas kombiniert wird, das mehr Yang ist. Wenn man feststellt, daß man vor lauter Arbeitseifer die Erholung vergessen hat, also mehr Yang ist, oder sich zu behäbig fühlt, also mehr Yin ist, muß man in seinem Leben etwas hinzufügen, was eher dem anderen Prinzip entspricht. Dies bezieht sich auch auf das Wohnen, und wird deshalb bei der Anwendung von Feng Shui eine wesentliche Rolle spielen. Da Landschaften oder Häuser häufig nicht von Grund auf umgebaut oder verändert werden können, müssen die Maßnahmen darauf abzielen, einen Ausgleich zwischen den Prinzipien herzustellen.

Yin und Yang in der Landschaft, im Gebäude und beim Menschen

Wenn Ihr Haus beispielsweise in einer hügeligen, waldreichen Gegend steht, Sie aber in diesem Haus auch Ihrem Beruf nachgehen wollen, sollten Sie in den Aktivitätsbereichen der Wohnräume dem besänftigenden Yin der Landschaft mehr Yang entgegensetzen. Auch die Intensität der Sonneneinstrahlung ist ein Yang-Faktor. Hohe Berge wiederum sind mehr Yin, was jedoch durch eine dem Yang zugeordnete spitze Gipfelformation abgeschwächt oder gar neutralisiert werden kann. Zudem kann sich die ursprüngliche Yin-Energie im Hochgebirge auch durch steile Wände und die durch sie verursachte Abwärtsbewegung zu mehr Yang verändern. Das Meer wiederum mit seiner flachen Oberfläche hat augenscheinlich einen Yang-Charakter, aber die aus Richtung Erdinneren aufsteigende Energie macht das Meer zu einer Yin-Umgebung.
Traditionelle Feng Shui-Praktiker bewerten die Qualität eines Ortes auch nach den »Vier Himmlischen Tieren«. Das mächtigste dieser Tiere ist der Drache, der das Erde-Chi auf die ihm gegenüberliegende Seite bewegt. Dort sorgt der Tiger für den Abfluß verbrauchter Energie. Das andere Paar ist die schutzbie-

Wie Hügel, Gewässer und Pflanzen die Energie einer Landschaft bestimmen, so prägt die Form eines Gebäudes das dort vorherrschende Chi: schlank aufragende Wolkenkratzer sind eher Yin, niedrige Gebäude eher Yang.

tende Schildkröte an der Rückseite des Hauses und der bewegliche, für Offenheit stehende Phönix. Eine ideale Landschaft bestünde daher aus einer mittleren Hügelkette oder niederen Bäumen an der rechten Seite des Hauses (Drache), einer hohen Bergformation oder hohen Bäumen hinter dem Haus (Schildkröte), einer flachen Hügellandschaft an der linken Seite (Tiger) und einer großen Freifläche mit einem fließenden Gewässer oder einer flach und unregelmäßig verlaufenden Mauer an der Vorderseite. Diese Feng Shui-Methode zur Standortbeschreibung ist ausnahmsweise nicht an die Kompaßpunkte gebunden und damit unabhängig von den Himmelsrichtungen. Orientierungspunkt ist hier die Eingangstür. Allerdings ist es in der Praxis schwierig, eine Landschaft wie die oben beschriebene zu finden. Die Vier Himmlischen Tiere werden aber auch in dicht besiedelten Orten wirksam, beispielsweise in Städten. Hier sollten Sie Ausschau halten nach analogen Gebäudeformationen. Um den Chi-Schub von Drache und Tiger zu gewährleisten, genügen schon verkehrsreiche Straßen links und rechts des Gebäudes. Die Vier Himmlischen Tiere beeinflussen auch das Yin und Yang des Hauses: Die Drachen-Seite ist Yang, die Tiger-Seite Yin. Nach altem chinesischem Volksglauben dominieren in einem Haus, in dem die Eingangstür auf der Drachen-Seite ist, die Männer. Ebenso hat die Sonnenseite des Hauses mehr Yang als die Seiten, die den überwiegenden Teil des Tages im Schatten liegen.

Analysieren Sie also die Lage des Hauses, das Sie bewohnen, nach den genannten Kriterien, und Sie erfahren, wo Sie die verschiedenen Lebensbereiche am besten anordnen. So sind beispielsweise das Wohnzimmer, das Kinderzimmer, die Küche oder das Arbeitszimmer in den Yang-Bereichen am besten plaziert, während Schlafzimmer, Badezimmer und Abstellräume am besten zu den Yin-Eigenschaften passen. Andererseits können Sie, falls Sie eher zu Nervosität neigen, ihre Aktivititäten in einen eher Yin-beeinflußten Bereich verlagern. Umgekehrt funktioniert es selbstverständlich auch: Fühlen Sie sich lethargisch oder depressiv, dann nutzen Sie überwiegend die Yang-Räume. Eine große Rolle spielt auch die Ausrichtung nach Himmelsrichtungen, die an anderer Stelle in diesem Buch ausführlich dargestellt wird. Handelt es sich um ein mehrgeschossiges Haus, so verläuft die Energieverteilung von Yin nach Yang von oben nach unten. Das heißt, das Schlafzimmer ist in einem Einfamilienhaus besser oben untergebracht und der Aktivbereich im Erdgeschoß. Für ein Geschäftshaus bedeutet dies, daß diejenigen, deren Aufgabe darin besteht, Ideen und Konzepte zu entwickeln, eher in den oberen Etagen arbeiten sollten, während die Umsetzung dieser Ideen in den unteren Stockwerken stattfinden sollte. Für die Verteilung der Energien in einem Gebäude ist nicht zuletzt auch dessen Form maßgeblich.

Die Vier Himmlischen Tiere

Der Grüne Drache

Die Schwarze Schildkröte

Der Weiße Tiger

Der Rote Phönix

Eigenschaften des Yin und Yang

Da es sich hier, wie an anderer Stelle bereits beschrieben, um kosmische Energie handelt, beeinflußt sie natürlich auch den Menschen unmittelbar. Menschen können ebenfalls mehr Yin oder mehr Yang sein. Wenn Sie mit Ihren Eigenschaften oder ihrem Verhältnis zu ihren Mitmenschen unzufrieden sind, können Sie auch daran etwas ändern, indem Sie sich darüber klar zu werden versuchen, ob ein Ungleichgewicht an Yin- oder Yang-Eigenschaften besteht.

Eine weitere Möglichkeit, auf Yin und Yang einzuwirken, sind die Formen, Farben und Materialien, die Sie für die Innenausstattung Ihres Hauses oder Ihrer Wohnung wählen. Während Sie in den meisten Fällen auf die oben beschriebenen Merkmale wie Lage, Ort, Form und Größe Ihres Wohnhauses sowie Ihre körperliche und seelische Konstitution keinen direkten Einfluß haben, können Sie hier nach Herzenslust Ihrer Kreativität im Rahmen der Prinzipien freien Lauf lassen und Ihren ganz persönlichen Anforderungen an ein gutes Feng Shui gerecht werden. Grundsätzlich sind abgerundete Formen mehr Yin als Formen mit langen Geraden und scharfen Kanten. Eine Ausnahme bildet die Kreisform, die als die kompakteste aller denkbaren Formen dem Yang zugerechnet wird. Dem Kreis folgt unmittelbar das Achteck, das sich der Kreisform geometrisch stark annähert und über ähnliche Yang-Eigenschaften verfügt wie der Kreis.

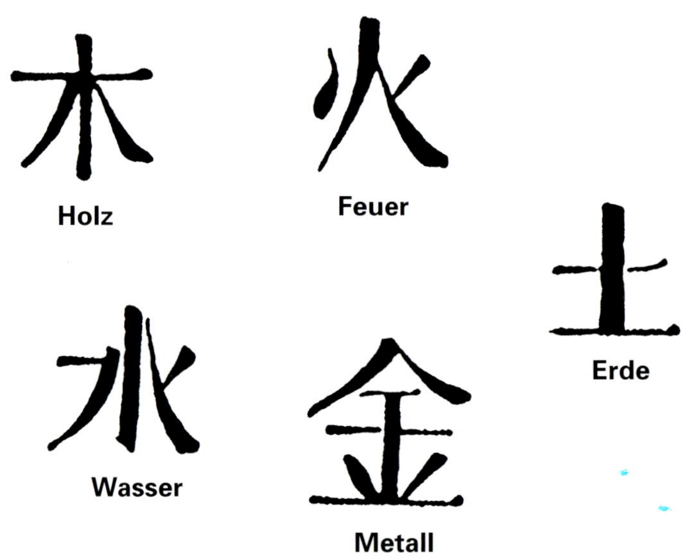

Fünf Elemente, Acht Himmelsrichtungen, neun Zonen des Bagua

Alle alten Hochkulturen kennen verschiedene Prinzipien der Energie, die mit unterschiedlichen Eigenschaften ausgestattet sind. Das Zusammenwirken dieser Kräfte kann sowohl aufbauende als auch zerstörerische Wirkung haben. Es kommt darauf an, in welcher Beziehung die Elemente zueinander stehen. In der altägyptischen und antiken griechischen Welt waren diese Elemente Feuer, Wasser, Erde und Luft. In China ist die Vorstellung von den Grundelementen etwa 3000 Jahre alt und enthält fünf Bestandteile: Holz, Feuer, Erde, Metall und Wasser. Wie das gesamte fernöstliche Wissen beruht auch die Fünf Elemente-Symbolik auf Beobachtung und Erfahrung. Im Ablauf der Jahreszeiten folgen dem Beginn, dem Aufbruch und der Kraftentfaltung des Frühlings die Wärme und Lebensfreude des Sommers. Im Herbst schließlich läßt diese Kraft nach und die Natur bereitet sich auf den Winter vor, in dessen stiller Kühle die ungeheuren Wandlungskräfte der Schöpfung unter feuchter Erde und Eispanzern bis zum nächsten Frühjahr unsichtbar wirken.

In China kennt man nicht vier, sondern Fünf Elemente, nämlich Holz, Feuer, Erde, Metall und Wasser. Sie wirken harmonisch aufeinander oder hemmen sich gegenseitig – in einem Kreislauf der Entstehung und Zerstörung.

Die Fünf Elemente werden deshalb direkt den Jahreszeiten zugeordnet. Der chinesische Kalender sieht, im Gegensatz zur viergliedrigen Jahreszeitenaufteilung des Okzidents, fünf Abschnitte vor. Zwischen Sommer und Winter gibt es zwei Abschnitte, die den Herbst in eine frühere und eine dem Winter nähere Phase unterteilen. Hier steht das Holz für die aufwärts strebende Energie des Frühlings, das Feuer für die Farbenpracht und die Hitze des Sommers, die Erde für Fruchtbarkeit und Melancholie des Übergangs von Spätsommer auf Herbst, das Metall für die sich verdichtende Materie im späten Herbst und das Wasser für die kühle Feuchtigkeit, Schnee und Eis im Winter. Kein Prozeß vollzieht sich jedoch unabhängig von einem anderen. Alles steht miteinander in Beziehung. Jedes Element geht entweder aus dem anderen hervor oder zerstört es.

Die Kreisläufe der Entstehung und der Zerstörung

Alles steht miteinander in Beziehung

F → - Holz
F → + Erde
E → - F
E → + M
M → - E
M → + H_2O
H_2O → - M
H_2O → + Holz
Holz → - H_2O
Holz → + F

Die Beziehungen der Elemente untereinander werden durch zwei Zyklen dargestellt. Am ersten Kreislauf läßt sich ablesen, wie ein Element das andere nährt und sich dabei gleichzeitig schwächt. Bei einem harmonischen Gleichgewicht der Elemente untereinander entsteht eine Abfolge organischen Werdens und Vergehens. Der Kreislauf der Zerstörung, auch als »Kreislauf der Kontrolle« bezeichnet, beschreibt die hemmende Wirkung der Elemente aufeinander. Diese kontrollierenden, hemmenden und zerstörerischen Eigenschaften sind nicht grundsätzlich negativ zu bewerten, sondern müssen wie alle Systeme fernöstlichen Wissens in einem harmonischen Verhältnis zueinander stehen. Für die Methoden des Feng Shui bedeutet dies, daß ein Übermaß an einer Energie durch die Hinzufügung einer zerstörerischen Kraft ausgeglichen und damit Ihre Lebenssituation verbessert werden kann.

Entstehungszyklus: Holz ist Brennstoff. Es nährt das Feuer. Das Feuer-Element schwächt also das Holz-Element, stärkt aber das Erde-Element. Aus Feuer wird Asche und diese zu Erde. Das Erde-Element hat somit eine schwächende Wirkung auf das Feuer-Element. Die Energie des Erde-Elements ist aber absteigend und sammelnd. Sie läßt Metall entstehen. Wenn aus der Erde Metall hervorgeht, bedeutet dies, daß Metall-Energie die Wirkung von Erde-Energie schwächt. Ein für Metall (unter Feuereinwirkung) erreichbarer Aggregatzustand ist flüssig, womit Metall das Wasser nährt, die Wasser-Energie hingegen Metall-Energie schwächt. Wasser nährt das Holz, denn der Baum benötigt Wasser. So können Sie mit dem Wasser-Element Holz-Energie stärken, umgekehrt durch das Holz-Element zu starkes Wasser-Chi abbauen.

Zerstörungszyklus: So wie ein Element das jeweils nächste nährt, so zerstörerisch wirkt es auf das jeweils übernächste. Holz dringt in die Erde ein, formt sie um und entzieht ihr die Nährstoffe. Erde kontrolliert das Wasser, bringt es in Gestalt eines Ufers oder eines Dammes in eine Bahn oder saugt es gar auf. Wasser wiederum löscht das Feuer und die Energie des Feuers kann Metall verformen. Metall aber hat die Macht über das Holz, etwa in Gestalt eines Werkzeugs, beispielsweise einer Säge oder einer Axt.

Eigenschaften der Elemente

Das Modell der Fünf Elemente ist eine Erweiterung und Differenzierung der zweipoligen Energieverteilung von Yin und Yang. Dabei ist zu beachten, daß die Elemente nicht in der Kontinuität von stärkerem Yang zu stärkerem Yin folgen, sondern jedes trägt ein eigenes Verhältnis von Yang zu Yin in sich. Obwohl die Elemente zyklisch, also in einer kreisförmigen Abfolge ohne Anfang und Ende, aufeinander folgen, hat es sich als sinnvoll erwiesen, das Element Holz an den Anfang zu setzen, da es mit dem Frühling assoziiert wird und damit an den Beginn des Jahreszeitenzyklus gebunden ist. Zudem ordnet die chinesische Wissenschaft jeder der fünf Energien bestimmte Himmelsrichtungen zu. Auch hier repräsentiert das Holz den Anfang, denn es steht für den Tagesbeginn im Osten.

Holz: Die Holz-Energie hat die Tendenz, sich in alle Richtungen auszudehnen. Auch hier dient der Baum im Frühjahr als anschauliches Beispiel: Er treibt aus und wächst in alle Richtungen. Seine Farbe ist Grün - und zwar nicht wegen der jungen Triebe und Blätter, sondern als Mischung aus dem Blau des Wassers und dem Gelb der Sonne. Von beiden bezieht das Holz-Element seine wichtigsten Eigenschaften Wachstum, Vitalität, Aktivität, Elastizität und Stärke. Die Formen, die mit der Holz-Energie in Verbindung gebracht werden, sind hoch und aufrecht, entweder längliche in die Höhe schießende Quader oder Säulen. Die Vitalität und der ernährende Charakter des Holz-Elements fördert nicht nur einzelne Wohnbereiche wie Eßzimmer, Kinderzimmer oder Schlafzimmer, sondern auch öffentlich genutzte Gebäude, sofern sie einem sozialen Zweck, der Entfaltung von Kreativität oder der Ernährung dienen. Einrichtungen wie Kindergärten, Schulen, aber auch Künstlerateliers und Restaurants werden von der Holz-Energie günstig beeinflußt.
Die der Holz-Energie zugeordneten Materialien sind natürlich Holz und verwandte Stoffe wie Bambus.

Gezackte und spitzwinklige Formen symbolisieren Feuer-Energie. Mit den spitzen Dächern ihrer Häuser setzen die Bewohner regenreicher Regionen dem vorherrschenden Wasser-Element Feuer-Energie entgegen.

Feuer: Die Richtung der Feuer-Energie ist aufsteigend, ähnlich den züngelnden Flammen und dem Rauch. Dem Chi des Feuers sind Wärme, Leidenschaft, aber auch Aufregung zugeordnet. Die Farben sind Violett, Purpur, Rotbraun und natürlich Rot wie Feuer einerseits und Rot wie Blut andererseits. Daher ist das Feuer-Element dem Tier und allen Produkten, die aus Tieren hergestellt werden können, zugeordnet. Das gilt für Nahrungsmittel wie Fleisch und Wurst ebenso wie für Häute und Felle, aus denen Kleidung und Behausungen hergestellt werden können. Da eine derartige Nutzung der Natur dem Menschen vorbehalten und Feuer Teil eines chemischen Prozesses ist, erstreckt sich der Einfluß der Feuer-Energie auf alles, was Menschenhand hergestellt hat. Seit der Mensch die Kunststoffe erfand, gehören auch diese zum Feuer-Element. In der Feng Shui-Praxis wird dennoch von der Benutzung von Kunststoffen abgeraten, denn ihr Einfluß auf das Chi ist schädlich. Die Formen des Feuer-Elements sind spitzwinklig, gezackt, der Stern, das Dreieck und die Pyramide. In den tropischen Gebieten Südostasiens fallen die besonders spitzen Dächer der Gebäude auf, deren Erbauer damit den mitunter verheerenden Monsunregenfällen Feuer-Energie entgegenzusetzen versuchen. Extrem hohe und spitze Formen, wie sie etwa für Kirchtürme üblich sind, scheut man jedoch in diesen Regionen der Erde, denn sie beschwören Brandgefahr herauf. Da das Feuer-Element aber auch für besondere intellektuelle Leistungen steht, eignen sich Gebäude mit Feuer-Energie gut, um als Schulen, Universitäten oder Bibliotheken sowie für kreative Berufe genutzt zu werden. Im privaten Haushalt ist die Feuer-Energie das richtige Chi für die Küche. Die Himmelsrichtung des Feuer-Elements ist der Süden.

Erde: Alles, was mit Erde-Energie aufgeladen ist, bezieht sich auf die Horizontale in Bodennähe. Ihre Formen zeichnen sich durch Gedrungenheit, Breite und niedrige Höhe aus. Da auch klassische Baumaterialien wie Ziegelstein, Ton oder Beton dem Erde-Element zugeschrieben werden, haben aber alle Gebäude, bei denen diese oder ähnliche Materialien verwendet wurden, mehr oder weniger starke Erde-Charakteristika. Als besonders harmonisch gilt ein Ziegelhaus mit spitzem Dach. Ein solches Gebäude verbindet die Energien von Feuer und Erde. Da Feuer und Erde im Entstehungszyklus aufeinander folgen, können die Bewohner dieses Hauses mit Glück und Wohlstand rechnen. Darüber hinaus begünstigt das Erde-Chi Komfort, Sicherheit und Beständigkeit. Wo allerdings eine sehr starke Erde-Energie wirksam ist, lassen sich die Räumlichkeiten kommerziell nur als Lagerhäuser oder privat als Vorratskammern und Garagen sinnvoll nutzen. Die Farben des Erde-Elements sind Braun, Orange, Gelb und Beige. Die Erde steht für keine Himmelsrichtung, sondern ist in der Mitte des Kompasses angeordnet.

Metall: Metall ist das Element, in dem die stärksten Energien gespeichert sind. Seine Bewegung ist nach innen gerichtet. Entstanden ist es durch die Umwandlungsprozesse der Erde. Metall ist somit das Ergebnis enormer Verdichtung. Grundsätzlich wird diese große Kraft mit Wohlstand in Verbindung gebracht. Allerdings kann es unter Metall-Einfluß auch zu massiven Verhärtungen und starren Haltungen kommen. Dem technologischen Fortschritt des

Wasser symbolisiert Leben, und fließendes Wasser zieht kosmische Energie an. Ein Springbrunnen, Aquarium oder Swimmingpool sollte in keiner Lebensumgebung fehlen. Zur Not hilft auch das Foto eines Wasserfalls.

20. Jahrhunderts ist es zu verdanken, daß es ein Baumaterial gibt, das die im Entstehungszyklus aufeinanderfolgenden Elemente Erde und Metall miteinander verbindet: Stahlbeton. Die oben genannten günstigen Eigenschaften der Erde werden mit dem Metall-Chi verknüpft, das Reichtum, Disziplin, Organisationstalent sowie Autorität und Führungsqualitäten verspricht. Zudem werden Münzen und damit alle Geldangelegenheiten dem Metall-Element zugeordnet. Die Form des Metall-Elements ist rund im Sinne einer Kuppel oder eines Kreisbogens. Daher ist es kein Zufall, daß in den meisten orientalischen Ländern sakrale Gebäude wie Moscheen oder Tempel, aber auch große Geschäfts- oder Bankhäuser mit prachtvollen Kuppeln ausgestattet sind. Runde Gewölbe oder Zierbögen können dort für Metall-Energie sorgen, wo Kuppeln aus finanziellen oder architektonischen Gründen unangebracht erscheinen. Das Metall-Element begünstigt außerdem alle Produktionsstätten und Handelsplätze, an denen Gegenstände aus Metall hergestellt oder verkauft werden. Das kann ein Stahlwerk ebenso sein wie ein kleiner Juwelierladen. Im Wohnhaus allerdings stört die Kompromißlosigkeit des Gewinnstrebens die familiäre Atmosphäre und sollte sich deshalb allenfalls in einem eigens eingerichteten Arbeitszimmer entfalten können. Die Farben des Metall-Elements sind Weiß, Silber und Gold, die Himmelsrichtung ist der Westen.

Wasser: Zuviel Feuchtigkeit im Haus birgt zwar die Gefahr von stagnierendem Chi in sich, doch das Wasser-Element ist insgesamt für ein gutes Feng Shui außerordentlich wichtig. Wasser ist Leben, insbesondere für die Menschen in Ostasien, deren Grundnahrungsmittel der Reis ist. Die Kultivierung dieses Getreides ist allerdings nur auf überfluteten Feldern möglich. Fließendes Wasser zieht kosmische Energie an, weshalb Wasserfälle, Springbrunnen, Swimmingpools oder auch nur ein Aquarium unverzichtbare Bestandteile einer Lebensumgebung sein sollten. In schwierigen Fällen genügen auch Abbildungen von Wasserflächen, seien es Fotografien, Gemälde oder Zeichnungen. Die Form des Wasser-Elements ist gewellt und unregelmäßig. Deshalb stehen Gebäude mit unregelmäßigen Formen oder einem stufenförmigen Dachverlauf unter dem Einfluß der Wasser-Energie. Neben Flexibilität und Kraft gehört Kommunikationsfähigkeit zu den Merkmalen des Wasser-Chis. Deshalb werden unter Wasser-Einfluß Kunst und Kultur, aber auch die Medien, die Werbung, das Postwesen und die Telekommunikation günstig beeinflußt. Auch dort, wo Flüssigkeiten eine Bedeutung haben, wie bei der Getränkeherstellung, wirkt sich der Einfluß des Wasser-Elements günstig aus. Die Farben des Wasser-Elements sind Blau und Schwarz, die ihm zugeordnete Himmelsrichtung ist der Norden.

Die Fünf Elemente im Haus

Mit den Eigenschaften und Zuweisungen der verschiedenen Elemente und den Kenntnissen über Yin und Yang verfügen Sie bereits über ein umfangreiches Wissen für erste kleine Veränderungen ihres Wohnumfelds. So können Sie beispielsweise die Abfolge des Entstehungskreislaufs für eine glückbringende Farbkombination einsetzen. Da Holz Feuer nährt, können Sie die Feuer-Eigenschaften eines Raumes mit der Verbindung grüner und roter Ausstattungsteile oder Dekorationsstücke fördern. Wenn Sie die Feuer-Besetzung eines nach Süden hin ausgerichteten Zimmers nicht anregt, sondern beunruhigt, so machen Sie sich doch einfach die Erde-Energie zunutze. Das kann beispielsweise die Verwendung von Erde selbst sein, etwa als Blumenerde in einem Blumentopf, oder niedrige Tongefäße, aber auch eine Farbgebung in Gelb, Braun oder Orange.

Die acht Trigramme

Nach einer mehr als 4000jährigen Überlieferung handelt es sich bei den Trigrammen um ein heiliges Zeichenwerk, das alle Geheimnisse des Universums enthält. Das Verblüffende an dieser Behauptung ist, daß das System der Trigramme eng verwandt ist mit dem binären Zahlensystem, das wiederum in der modernen Computertechnologie Grundlage der Datenverarbeitung auch der neuesten Hochgeschwindigkeitsrechner ist. Die Menschen im Westen kennen vier dieser Trigramme als Bestandteil der südkoreanischen Nationalfahne, die um ein rot-blaues Yin-und-Yang-Symbol herum gruppiert sind. Ein Trigramm besteht aus drei übereinander angeordneten Linien. Von den Linien wiederum gibt es zwei Typen: Eine durchgezogene und eine unterbrochene. Die durchgezogene Linie steht für Yang, die unterbrochene für Yin. Die drei Linien werden von unten nach oben gelesen. Die unterste Linie stellt die Basis dar, welche die darüberliegenden Prinzipien stützt. Wenn Sie das Trigramm interpretieren, können Sie an der durchgezogenen Yang-Linie beispielsweise erkennen, daß es sich um ein stabiles Element handelt. Wasser hingegen hat die Reihenfolge Yin-Yang-Yin. Damit ist einerseits viel über die Flüchtigkeit dieses Elements ausgesagt, andererseits kann man aber auch auf eine außen nicht sichtbare Stärke in seinem Innern schließen. Für die moderne Feng Shui-Praxis reicht es aus, die Anteile an Yin und Yang, die durch die Trigramme den vier Haupthimmelsrichtungen und den vier Nebenhimmelsrichtungen zugeordnet werden, zu erkennen.

Einige asiatische Zeichen sind im Westen durch die südkoreanische Nationalflagge bekannt: Um das rot-blaue Yin- und Yang-Symbol gruppieren sich vier Trigramme, die für vier Himmelsrichtungen stehen.

Ein Trigramm setzt sich aus drei Linien übereinander zusammen und hat einen eigenen Namen. Die durchgezogenen Linien bedeuten Yang, die durchbrochenen symbolisieren Yin. Außerdem wird jedem Trigramm ein Element zugeordnet.

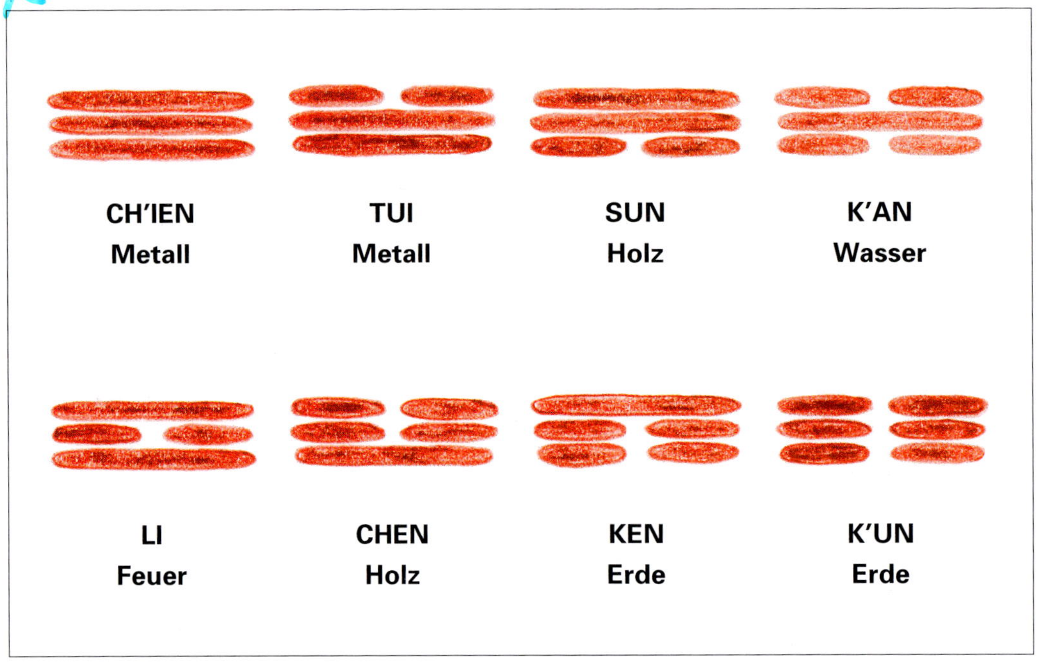

Verknüpfungen mit den Acht Himmelsrichtungen

Die Feng Shui-Tradition kennt noch weitere Zuordnungen, welche die Acht Richtungen betreffen. So wird jede Richtung durch ein Familienmitglied repräsentiert. Die am alten chinesischen Familienbild orientierte Einteilung ist zwar heute nicht mehr direkt anwendbar, aber unter den Menschen, mit denen Sie zusammenleben, gibt es möglicherweise Personen in ähnlicher Funktion, gleichem Alter, vergleichbarer gesellschaftlicher Stellung. Daneben gibt es die Verbindung mit einer Farbe. Zum Teil kennen Sie diese Verknüpfungen schon von den zugeordneten Elementen, andere Richtungen wurden nach Berechnungen aus einem japanischen Horoskop mit ihrer jetzt gültigen Farbe belegt. Jede der Acht Himmelsrichtungen wird von der Sonne zu einem bestimmten Zeitpunkt des Tages durchlaufen. Daraus ergibt sich wiederum eine Verknüpfung zwischen der Himmelsrichtung und der Tageszeit, die anzeigt, wann am Tag die charakteristische Energie am stärksten wirksam ist. Dies betrifft sinngemäß auch die Jahreszeiten. Wenn Sie alle diese Zuordnungen miteinander kombinieren, bekommen Sie ein komplexes System von Eigenschaften, mit dem sich bestimmte Orte, Gebäude und Räume beschreiben lassen. Bitte beachten Sie, daß die orientalische Kartographie den Norden unten einzeichnet, sich also ein unseren Landkarten auf der Nord-Süd-Achse genau entgegengesetztes Bild darbietet.

Die acht Charaktere des Chi

Norden

Trigramm: Yin-Yang-Yin
Element: *Wasser*
Familienmitglied: Mittlerer Sohn
Farbe: Pastellweiß
Tageszeit: Nacht
Jahreszeit: Winter

水

Der Anfang ist gemacht, aber noch ist nichts sichtbar. Unter einer kalten und feuchten Oberfläche findet die Verwandlung statt. Das Trigramm zeigt Stabilität im Innern, das Element steht für Vitalität und Aktivität, der mittlere Sohn für den baldigen Beginn einer neuen Zukunft.

Nordosten

Trigramm: Yang-Yin-Yin
Element: *Erde*
Familienmitglied: Jüngster Sohn
Farbe: Weiß
Tageszeit: Früher Morgen
Jahreszeit: Winterende

土

Das Kind entwickelt seine eigene Individualität, ist aber noch ungezogen und labil. Das Trigramm zeigt eine instabile Yin-Basis, darauf ein weiteres Yin, erst dann folgt das Yang, das eine Stabilisierung durch das Erde-Element anzeigt. Das Weiß repräsentiert die klirrende Klarheit eines Wintermorgens, dem ein ungewisser Tag mit allen Chancen und Risiken folgen wird.

Osten

Trigramm: Yin-Yin-Yang
Element: *Holz*
Familienmitglied: Ältester Sohn
Farbe: Grün
Tageszeit: Morgen
Jahreszeit: Frühling

木

Es ist die Zeit des Plänemachens, eine Phase des Neuanfangs. Das Trigramm steht auf einer stabilen Yang-Basis, aber darüber sind die weichen Yin-Ströme noch formbar. Das Holz steht für Wachstum, der älteste Sohn für einen bevorstehenden Generationenwechsel im Familienvorstand.

Südosten

木

Trigramm: Yang-Yang-Yin
Element: *Holz*
Familienmitglied: Älteste Tochter
Farbe: Blau
Tageszeit: Vormittag
Jahreszeit: Frühsommer

Eine Zeit von steigender Stabilität und wachsendem Fortschritt ist herangebrochen. Geschäftigkeit und Besonnenheit führen zu Erfolgen. Vor allem im familiären Bereich kommt es zu längerfristigen, stabilen Beziehungen. Die älteste Tochter steht für Sanftmut und für die Chancen der nächsten Generation. Die lebensspendende Kraft der Holz-Energie hält an.

Süden

火

Trigramm: Yang-Yin-Yang
Element: *Feuer*
Familienmitglied: Mittlere Tochter
Farbe: Purpur
Tageszeit: Mittag
Jahreszeit: Hochsommer

Jetzt kann mit der Ernte begonnen werden. Das Leben ist auf dem Höhepunkt. Das Trigramm verspricht Aktivität nach außen, aber weiches Fließen im Inneren. Die gesellschaftliche Anerkennung in dieser Phase verbindet sich mit der Geselligkeit der mittleren Tochter.

In China kennt man nicht nur Fünf Elemente, sondern auch eine fünfte Jahreszeit: den Spätsommer bzw. Frühherbst. Es ist die Zeit der Ernte, die dem Element Erde entspricht und im Zentrum des Jahreszyklus steht.

Südwesten
Trigramm: Yin-Yin-Yin
Element: *Erde*
Familienmitglied: Mutter
Farbe: Schwarz
Tageszeit: Nachmittag
Jahreszeit: Spätsommer

土

Familie und Festigung des Bestehenden stehen im Vordergrund dieser Phase. Das Trigramm weist auf eine Dominanz des Weiblichen hin, unterstützt von der Mutter-Symbolik. Die Erde-Energie vermittelt Sicherheit.

Westen
Trigramm: Yin-Yang-Yang
Element: *Metall*
Familienmitglied: Jüngste Tochter
Farbe: Rot
Tageszeit: früher Abend
Jahreszeit: Herbst

金

Die Himmelsrichtung steht auch für den Sonnenuntergang. Es ist Zeit, vom Tage loszulassen und zu entspannen. Metall-Energie verspricht finanzielle Erfolge, die jüngste Tochter steht für spielerische Leichtigkeit. Zur Zufriedenheit kommen romantische Gefühle hinzu.

Nordwesten
Trigramm: Yang-Yang-Yang
Element: *Metall*
Familienmitglied: Vater
Farbe: Silbergrau
Tageszeit: Abend
Jahreszeit: Spätherbst

金

Hier herrscht die Abgeklärtheit des Alters. Der Vater steht für Autorität und Führung, die drei Yang-Linien zeigen mächtige Energien. Verantwortungsbewußtsein und Strenge bestimmen das Chi ebenso wie Würde und Stolz.

Neben diesen Acht Himmelsrichtungen gibt es auf dem Kompaß noch einen Bereich, der bisher nicht zur Sprache gekommen ist: Das Zentrum. Diese Energie der Mitte ist dem Element Erde und der Farbe Gelb zugeordnet. Dies sind die einzigen Verknüpfungen. Es ist die stärkste Kraft überhaupt und besitzt gleichermaßen aufbauende wie zerstörerische Energien. Bezogen auf den menschlichen Körper ist das Chi der Mitte dem Solarplexus vergleichbar, also dem zentralen Knoten der Nervenbahnen. Im Sinne der Feng Shui-Prinzipien handelt es sich um die Mitte Ihres Hauses oder Ihrer Wohnung. Wenn irgend möglich, sollte dieses Zentrum frei bleiben.

Das Bagua

Ein ähnliches Modell wie das des Diagramms, welches sich aus den Acht Richtungen und ihren Verknüpfungen ergibt, ist das Bagua. Das Wort bedeutet so viel wie »Der Körper des Drachen«. Wenn man ein Haus oder eine Wohnung wie ein belebtes Wesen betrachtet, lassen sich einzelne Funktionsbereiche wie Körperteile voneinander unterscheiden. Das Bagua ist ein Diagramm mit neun Feldern. Jedes der acht äußeren Felder entspricht einem Lebensziel. Legt man das Bagua auf den Kompaß der Acht Richtungen, stellt man fest, daß diese Lebensziele eine weitere Zuordnung zu einer Himmelsrichtung darstellen. Das mittlere Feld ist das oben angesprochene Zentrum, das hier Tai Chi genannt wird. Ein solches Bagua läßt sich mit einfachen Mitteln herstellen: Am besten nehmen Sie ein Stück Transparentpapier und teilen es in neun regelmäßige Felder ein. Sie haben jetzt drei Felder in der Waagerechten und drei Felder in der Senkrechten vor sich. In der oberen Reihe beschriften Sie die Felder von links nach rechts mit jeweils einem Begriff: »Wohlstand«, »Ruhm«, »Beziehung«. Die mittlere Zeile füllen Sie, wieder von links nach rechts mit den Begriffen »Familie«, »Tai Chi« und »Kinder« aus. Die unterste Zeile steht für »Wissen«, »Kar-

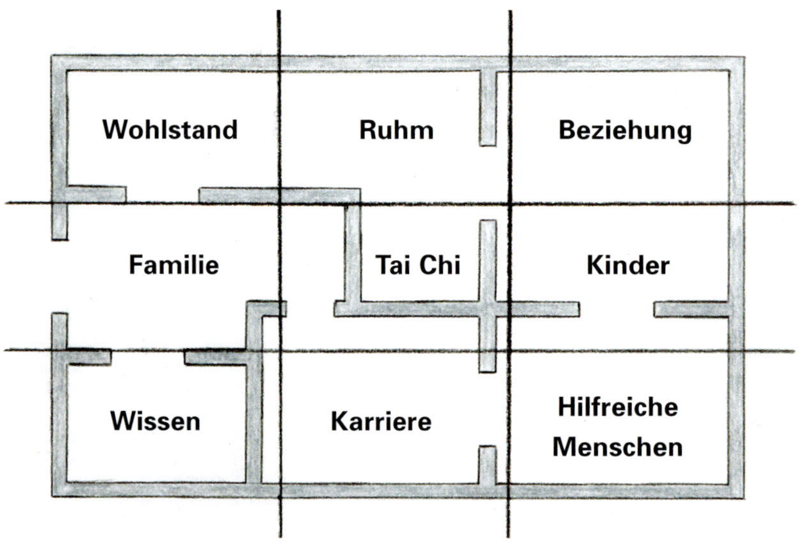

Das Bagua-Diagramm hilft Ihnen, die Lebensbereiche Ihrer Wohnung zu bestimmen. Denken Sie daran, daß bei den Asiaten Norden und Süden vertauscht sind.

Der Körper des Drachen

riere« und »Hilfreiche Menschen«. Auch für das Bagua-Diagramm gilt, daß der Ihnen zugewandte Teil den Norden repräsentiert. »Karriere« liegt demnach im Norden, »Wissen« im Nordwesten und »Hilfreiche Menschen« im Nordosten. Damit haben Sie ein anschauliches Werkzeug, das Sie auf Grund seiner Kompaßorientierung für die unterschiedlichsten Untersuchungen von Raumqualität nutzen können. Suchen Sie mit dem Bagua Ihr Grundstück, jede einzelne Etage Ihres Hauses, Ihre Wohnung oder ein einzelnes Zimmer sowie Detailbereiche, beispielsweise Ihren Schreibtisch, nach Schwachstellen ab. Jedes Feld symbolisiert einen Lebensbereich. Betrachten Sie kritisch die jeweiligen Ecken Ihrer Wohnumgebung. Herrscht einigermaßen Ordnung? Ist es dort sauber? Wird die Energie durch große, dunkle Möbelstücke oder unglücklich plazierte Dekorationen gestört? Entspricht die Ausstattung dem jeweiligen Lebensziel? Es ist auch möglich, daß der Grundriß Ihres Hauses keine kompakte, in sich geschlossene Form hat, sondern L-förmig um eine Ecke führt. Dies bedeutet, daß eine oder sogar mehrere Bagua-Zonen von der Bebauung nicht umschlossen werden und daher in ihrem Leben nicht oder nur unzureichend vorkommen. Sie können die Wirkung derartiger ausgegrenzter Zonen allerdings durch Gegenmaßnahmen mildern oder neutralisieren.

Die acht Außenfelder des Bagua

Bei allen Untersuchungen, die Sie in den einzelnen Bereichen Ihres Wohnraums anstellen, ist es wichtig, aufrichtig zu sich selbst zu sein. Versuchen Sie möglichst viel Bereitschaft aufzubringen, um über sich und Ihre augenblickliche Lebenssituation nachzudenken. Brechen Sie nichts übers Knie und lassen Sie sich die Zeit, die Sie für Ihre Analyse benötigen. Wichtiger noch als eine buchstabentreue Erfüllung der Feng Shui-Prinzipien ist, sich Klarheit über sich selbst zu verschaffen. Wenn Sie wissen, warum Sie in dem einen oder anderen Bereich Ihres Lebens scheitern oder Stagnation eingetreten ist, sind Sie auch in der Lage, etwas dagegen zu tun. Schon das reicht zunächst, um Ihr Wohlbefinden zu steigern. Für alle Felder gilt, daß ein Eingangsbereich in der jeweiligen Zone das dort angesprochene Thema in Ihrem Leben vorrangig macht. Ist dort eine Treppe, so kann es in diesem Bereich zu einem aufreibenden Wechsel von Erfolgen und Mißerfolgen kommen.

➤ Karriere (Norden):

Dieses Feld hat auch, aber nicht nur mit Ihrem Beruf zu tun. Natürlich lautet hier die zentrale Frage, ob Sie sich bei Ihrer Erwerbstätigkeit im richtigen

Maße gefordert fühlen und welches innere Verhältnis Sie zu dieser Arbeit haben. Letztlich betrifft das Feld die Gesamtheit des Lebensweges. Hier können Sie überprüfen, ob frühere Ideale und die aktuelle Wirklichkeit noch übereinstimmen. Grundsätzlich sollte dieser Bereich hell und übersichtlich eingerichtet sein, um nicht den Blick für das Wesentliche zu verstellen.

Hilfreiche Menschen (Nordwesten):
Hier herrschen die Energien, die oft unerwartete Unterstützung und freundschaftliche Hilfe bringen. Richten Sie diese Zone freundlich und großzügig ein, denn mit genau diesen Eigenschaften können Sie Menschen so an sich binden, daß im Ernstfall jemand da ist, der Ihnen beistehen kann.

Kinder (Westen):
Ein Bereich, der mit spielerischer Aktivität zu tun hat. Hier geht es nicht nur um den leiblichen Nachwuchs, sondern, ähnlich dem »Karriere«-Feld, um ein Lebenswerk. Sorgen Sie für eine Atmosphäre, die Kreativität und Inspiration fördert sowie auch Raum für Ihre eigenen Ideen läßt.

Beziehung (Südwesten):
Zum einen hat dieses Feld mit ihrer festen Partnerschaft oder einer Ehe zu tun, zum anderen aber mit den Beziehungen, die Sie zu anderen Menschen, die Ihnen nahestehen, unterhalten. Achten Sie deshalb darauf, daß Sie hier zu einer besonders harmonischen Gestaltung finden. Vermeiden Sie jede Symbolik, die mit Zwietracht und Konflikt in Zusammenhang gebracht werden kann. Hübsche Gegenstände, die »paarweise« angeordnet sind, stimulieren Zweisamkeit.

Räume im Südwesten des Hauses wirken sich auf Ihre Partnerschaft aus. Gestalten Sie diese besonders harmonisch durch paarweise angeordnete Gegenstände.

Ruhm (Süden):
Zunächst scheint es nur um Äußerlichkeiten zu gehen, aber das Entscheidende für einen hohen gesellschaftlichen Status ist nicht nur, ihn zu erreichen, sondern ihn überzeugend zu halten. Dazu benötigen Sie in gleichem Maße Leidenschaft und in-

Der Nordosten Ihres Zuhauses ist ein idealer Platz, um sich Wissen anzueignen. Ein Lesesessel, ein Arbeitszimmer oder eine kleine Bibliothek sind hier bestens aufgehoben.

nere Reife. Schaffen Sie in dieser Zone größtmögliche Klarheit, und vielleicht gelingt es Ihnen, hier ein Kunstwerk angemessen zu präsentieren.

Wohlstand (Südosten):
In dieser Ecke herrschen belebende Energien für Bemühungen um materiellen Erfolg und mentalen Fortschritt. Der Bereich kann Platz für besonders schöne, auch wertvolle Dinge sein. Da Wasser ebenso Wohlergehen verspricht, kann ein kleiner Springbrunnen oder ein Aquarium die hier herrschende Strömung stützen.

Familie (Osten):
Hier sind mit »Familie« nicht Ehepartner und Kinder gemeint, deren Felder anderen Teilen des Wohnraums zugeordnet sind. In dem östlichen Feld spiegelt sich etwas wider von Ihrer Vergangenheit im Elternhaus, von Ihrem Verhältnis zu Vorfahren und Geschwistern sowie dem aktuellen Umgang mit Vorgesetzten. Dinge, die im »Familien«-Sektor schon lange herumliegen, sollten Sie dazu anregen, Ungeklärtes aus der Vergangenheit aufzuarbeiten.

Wissen (Nordosten):
Richten Sie sich in diesem Feld Ihren Leseplatz ein, vielleicht auch eine kleine Bibliothek. Die Erweiterung des Faktenwissens ist dabei mehr als eine Ergänzung der hier herrschenden Energien. Sie sollten sich dadurch eine Möglichkeit schaffen, um sich in sich zurückziehen zu können, wenn Ihnen danach ist.

Das Zuhause und seine Umgebung

Mitten in hügeliger Landschaft, hohe Bäume oder einen Bergrücken hinter dem Haus, nach vorn der Blick auf einen See oder ein Flußtal - so wohnt man nach Feng Shui-Gesichtspunkten ideal. Doch wer kann sich einen solchen Wohnort schon aussuchen? Wie Sie dennoch - auf dem Land oder in der Stadt - einen passenden Standort und eine harmonische Umgebung für Ihr Zuhause finden, erfahren Sie im folgenden. Sie bekommen außerdem Tips, wie Sie ungünstige Energien aus der Nachbarschaft abwehren oder neutralisieren können.

Standorte und Energien

Wie schon im Kapitel »Yin und Yang« beschrieben, ist der ideale Platz für ein Haus ein eher abseits der Ballungsräume gelegener Standort mit ganz bestimmten Merkmalen. Folgende Punkte sind zu berücksichtigen: Das Grundstück sollte auf der linken Seite von einer Energie spendenden Hügelformation geschützt sein; auf der Rückseite gibt ein starker »Schildkröten«-Panzer in Form eines breiten Bergrückens Sicherheit; auf der rechten Seiten leiten die etwas niedrigeren Hügel des Tigers negative Chi-Einflüsse ab und vor dem Haus öffnet sich idealerweise ein weites Tal mit einem schlängelnden Bach oder Fluß, wodurch der Phönix repräsentiert ist. Dabei ist die Vorderseite zugleich auch die Sonnenseite. Dieses nach den Kriterien des Feng Shui optimale Gelände dürfte allerdings selten für eine Bebauung zur Verfügung stehen. Wenn Sie die Gelegenheit haben, sich einen Bauplatz aussuchen zu können, lassen sich aus dieser idealen Anordnung aber gewisse Grundsätze ableiten, denen Sie bei der Analyse der Örtlichkeiten Beachtung schenken sollten. Manchen Empfehlungen werden Sie ohnehin intuitiv folgen.

Wichtig ist in jedem Falle der Gesamteindruck der Umgebung. Wirkt sie harmonisch? Ist genug Schutz vorhanden? Gibt es in der Nähe Gewässer? Wenn die Landschaft eher flach ist, ist es wichtig, daß Bäume und Sträucher vorhanden sind. Das Zusammenwirken von Drachen, Tiger, Schildkröte und Phönix läßt sich auch ohne Höhenzüge mit einer entsprechenden Anordnung von Pflanzen und zusätzlichen Mauern, Zäunen und Spalieren herstellen. Wenn Sie andererseits im Hochgebirge auf Gründstückssuche sind, sollten Sie eine allzu dichte Annäherung an die Berge vermeiden. Das Leben unter einer wild zerklüfteten Gipfelformation führt sowohl zu Windturbulenzen als auch zu einer starken Feuer-Energie. Beides kann sich nachteilig auf die Ausgeglichenheit der Bewohner auswirken und nach Meinung von Feng Shui-Praktikern sogar den Hormonhaushalt durcheinander bringen. Das gleiche gilt für einen Steilhang oder eine senkrechte Felswand hinter dem Haus. Die Bewohner leiden unter einer unbewußten Angst vor Steinschlag, und auch hier kann es zu ungünstigen Windverwirbelungen kommen. Wenn Sie die Wahl haben,

- vermeiden Sie Standorte ganz oben auf einem Berg oder ganz unten in einem tiefen Tal. Entscheiden Sie sich für eine Position auf halber Höhe. Damit entgehen Sie den irritierenden Energien des Windes in der Höhe ebenso wie dem Gefühl des Eingeengtseins in der Talsohle.

- Wenn es sich außerdem noch um ein schmales, sich verengendes Tal handelt, besteht das Risiko, den negativen Auswirkungen eines »Windkanals« ausgesetzt zu sein, in dem sich die Luftbewegungen bündeln, verstärken und Ursache erheblicher organischer Schäden sein können.

- Natürlich muß das Haus auch mit dem Auto gut erreichbar sein. Doch im Kapitel über das Chi wurde bereits erwähnt, daß der Straßenverkehr, der sein eigenes, sehr starkes Energiefeld aufbaut, auch schädliche Einflüsse ausüben kann. Vor allem wenn der Verkehr auf schnurgeraden Straßen »kanalisiert« wird und das Chi dadurch eine ungeheure Beschleunigung erfährt.

So sieht nach Feng Shui-Kriterien die ideale Umgebung eines Hauses aus. Die Berge an der Rückseite entsprechen dem schützenden Schildkrötenpanzer, die flankierende Bepflanzung den Energien von Tiger und Drachen und der freie Blick von der Vorderseite über den Fluß dem Phönix.

Dringend abzuraten ist von Bauplätzen, die am Ende einer Sackgasse liegen. Hier können unbewußte Ängste entstehen, ein Fahrzeug könne unter Umständen nicht rechtzeitig abbremsen. Zudem bewegen sich die Energieströme schnell auf das Haus zu. Abhilfe schaffen in diesem Fall hohe Mauern oder ein bewachsener Zaun, der zudem noch einen kleinen Beitrag zur Luftreinhaltung leisten kann.

- Grundstücke auf einer Schräge, bei denen das Haus über den Hang hinausragt, sind ebenfalls ungünstig. Dabei fehlt dem Gebäude die »Rückendeckung«. Dieser Mangel überträgt sich auch auf die Bewohner, die nach Auffassung chinesicher Feng Shui-Experten mit Schwierigkeiten am Arbeitsplatz, finanziellen Notlagen und geringer Nachkommenschaft rechnen müssen.

- Obwohl der Standort an einem Fluß meistens ein günstiges Chi verspricht, da Wasser kosmische Energie aufnimmt und ein Wasserlauf ein sichtbares Zeichen strömender Energie ist, gibt es auch an fließenden Gewässern ungünstige Stellen. Dazu gehören scharfe Biegungen oder ein Standort in einer »Y«-förmigen Stelle, wo zwei Flüsse zusammenfließen.

- Sollte ein Wasserlauf in Richtung Ihres Hauses fließen, kommen nur der Südosten und Osten als günstige Richtungen in Betracht. Das Holz-Element der beiden südlichen Richtungen unterstützt die Wasser-Energie. Dadurch werden Kommunikation, Kreativität, Karriere und Aktivität gefördert.

Solche Standorte sollte man vermeiden: Schnurgerade Straßen sind wie Chi-Autobahnen. Am Ende einer Sackgasse bewegen sich die Energieströme zu schnell auf das Haus zu.

Lagebestimmung in städtischer Umgebung

Die ideale Standortbestimmung in der Stadt sollte sich ebenfalls nach den Funktionen der Vier Himmlischen Tiere richten. Allerdings müssen die städtischen Gegebenheiten besonders gut unter die Lupe genommen werden.

Wichtig ist der Gesamteindruck der Umgebung

- Das Ideal von Drache, Tiger, Schildkröte und Phönix gilt auch im urbanen Umfeld, nur sind sie hier ungleich schwieriger ausfindig zu machen. Es kann auch sein, daß sich ein »Schildkröten«-Panzer, von dem Sie sich Schutz erhofften, bei näherer Betrachtung als chemische Fabrik oder Schlachthof entpuppt. In beiden Fällen sollten Sie nach einer Alternative Ausschau halten, denn Orte wie diese verströmen nicht nur unangenehme Ausdünstungen, sondern geben auch reichlich negatives Chi ab.
- Andere ungeeignete Bauplätze finden sich in der unmittelbaren Nähe von Friedhöfen und Gotteshäusern (zu viel Yin), Gefängnissen und Krankenhäusern (negative Energie durch Trauer und Angst), Regierungsgebäuden (zu starke Energie), früheren Bergbaugebieten oder trockengelegten Sümpfen (kein festes Fundament möglich).
- Betrachten und beurteilen Sie Straßen und andere Verkehrswege wie Flüsse in der freien Natur. Auch hier spielen Fließgeschwindigkeiten und die Form der Wegführung eine wichtige Rolle. Das Ideal einer mäanderartigen Landstraße kann man freilich in der Stadt nicht erwarten.
- In Städten und Vorstädten kommt es leicht zu Situationen, daß ein Haus Schneidendem Chi ausgesetzt ist, weil es am Kopf einer Kreuzung, inmitten einer Gabelung, an der Außenseite einer Kurve oder innerhalb eines Kreisverkehrs steht. In diesen Fällen helfen reflektierende Maßnahmen wie Windspiele im Eingangsbereich oder Büsche im Vorgarten.

Günstige Umgebungen im Sinne der Fünf Elemente

Die bereits eingehend geschilderte Wirkung der Fünf Elemente Holz, Feuer, Erde, Metall und Wasser läßt sich nicht nur auf die Charakterisierung von Bauwerken anwenden, sondern die Ortsqualität kann man auch durch einen Vergleich mit der Umgebung ermitteln. Sind Sie von vielen Bäumen oder Hochhäusern umgeben, so herrscht um Sie herum Holz-Energie. Das Feuer-Element herrscht vor, wenn Sie von einer gezackten Gebirgsformation oder Gebäuden mit spitzwinkligen Dächern umgeben sind. Flachland oder eine Siedlung von Bungalows haben Erde-Energie, während vereinzelte runde Hügel oder Bauwerke mit Kuppeln Metall-Energie erzeugen. Abwechslungsreicher Baumbewuchs oder eine unregelmäßige Bebauung in der Nachbarschaft lassen auf Wasser-Energie schließen. Die fünf besten Standort-Umgebung-Kombinationen sind folgende:

- **Holz-Standort, Wasser-Umgebung:** Der vitale Holz-Aspekt wird vom energiereichen Wasser-Element gefördert. Eine gute Lage, um Karriere zu machen. Neue Ideen können gut umgesetzt werden.

- **Feuer-Standort, Holz-Umgebung:** Das Holz nährt das Feuer. Wer in dieser Konstellation wohnt, verschafft sich leichter gesellschaftliche Anerkennung.

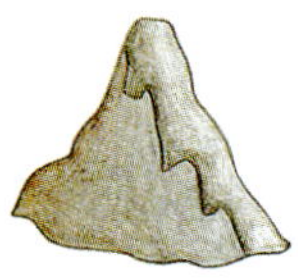

- **Erde-Standort, Feuer-Umgebung:** Die Feuer-Energie hat auf den Erde-Standort sehr guten Einfluß und begünstigt eine harmonische Beziehung innerhalb der Familie.

- **Metall-Standort, Erde-Umgebung:** Die Erde-Energie der flachen Landschaft oder der niedrigen Gebäude in der Umgebung wirkt positiv auf die Metall-Energie. Diese Konstellation kann helfen, die Finanzsituation zu verbessern.

- **Wasser-Standort, Metall-Umgebung:** Die Unterstützung, die das Wasser-Haus von der Metall-Umgebung erfährt, sollte zur Harmonie mit dem persönlichen Umfeld sowie zu mehr Vitalität führen.

Angriffe aus der Nachbarschaft

Negative Einflüsse, die sich auf Ihren Wohnbereich auswirken, können auch aus der unmittelbaren Nachbarschaft kommen. Wenn Sie zu den ersten Bewohnern eines neu erschlossenen Baugebiets gehören, kann es auch sein, daß Sie noch gar keine Nachbarn haben. In diesen Fällen existiert noch kein spürbarer Chi-Fluß. Denn die gewaltigen Erdbewegungen, die hier stattgefunden haben, haben die Energien des Ortes zerstört. Die noch aufgerissene Erde und die her-

Jeder Standort und jede Umgebung haben ihre eigenen Energien. Bei einer solch spitzwinkligen Form wie der Louvre-Pyramide herrscht das Feuer-Element vor.

umliegenden Baumaterialien verhindern die Entstehung eines neuen lokalen Chi solange, bis wieder ein energetisches Umfeld aufgebaut ist. Erst wenn die Bautätigkeiten in dem Viertel abgeschlossen sind, bildet sich ein neues Chi. Der Normalfall ist jedoch ein mehr oder weniger weit entferntes Nachbarhaus. In den meisten Ländern Europas, speziell in den deutschsprachigen, gibt es für jedes Baugebiet und jeden Stadtteil eigene Bebauungspläne, die den Bauherren hinsichtlich der First- und Traufhöhen sowie der Ausrichtung der Gebäude wenig Spielraum lassen. Dennoch kann es vorkommen, daß ein benachbartes Haus ungünstige Wirkung auf seine unmittelbare Umgebung hat. Sollten Sie solche »Angriffe« erkennen, sprechen Sie mit Ihrem Nachbarn über Lösungsmöglichkeiten. Riskieren Sie aber keinen Rechtsstreit, wenn sich der Nachbar uneinsichtig zeigt. Zum einen lohnt sich eine juristische Auseinandersetzung nur für die Rechtsanwälte, zum anderen kann eine mit einem Konflikt begleitete Veränderung auch eine negative Wirkung auf das Feng Shui haben. Es gibt immer Möglichkeiten, den »Angriff« auf Ihrem Grundstück abzuwenden.

Aus dem Kapitel »Chi« kennen Sie bereits die Geheimen Pfeile. Sie entstehen, wenn spitze oder schlanke, hoch aufragende Formen direkt auf das Haus zeigen. Man ist sich nicht immer darüber im klaren, aber unbewußt können solche Formen Unwohlsein, Nervosität oder Angst erzeugen. Die Ursache dafür liegt vermutlich, wie so oft, in der Entwicklungsgeschichte des Menschen begründet: Die ersten Waffen, die der Mensch nicht nur gegen seine Jagdbeute, sondern auch gegen seine Artgenossen richtete, waren Pfeile und Lanzen -

Gegenstände also, die in einer Richtung spitz zulaufen. Im traditionellen Feng Shui wird Menschen, die sich über Jahre ohne Gegenmaßnahmen Geheimen Pfeilen aussetzen, keine lange Lebenserwartung bescheinigt.

Schutz für den Eingangsbereich

Feng Shui-Praktiker interpretieren ein Haus als menschlichen Körper, in dem jeder Bereich eine spezielle Funktion für den Erhalt von Gesundheit und Leben zu erfüllen hat. So gilt der Haupteingang des Hauses oder einer Wohnung als »Mund«. Es handelt sich also um einen sensiblen Bereich, denn jeder weiß, daß eine Verletzung oder Entzündung im Mundraum das Eßverhalten und damit die Nahrungsaufnahme verschlechtert. Eine vor allem in Reihenhaussiedlungen anzutreffende Form des »Angriffs« auf die Eingangstür ist ein direkt gegenüberliegender Dachgiebel. Bitten Sie Ihren Nachbarn, seinen Giebel abzudecken. Runde Formen sind am besten geeignet, ideal ist eine Scheibe mit floralem Muster. Sollte Ihr Nachbar seinen Eingang auch gegenüber Ihrem Giebel haben, gehen Sie mit gutem Beispiel voran. Möglicherweise aber ist der Nachbar für die Vorzüge des Feng Shui nicht zu begeistern. Versuchen Sie ihn nicht zu missionieren, sondern behalten Sie lieber Ihre eigenen Interessen im Auge: Bringen Sie über der Eingangstür einen runden, konkaven Spiegel von etwa 15 bis 20 Zentimetern Durchmesser an. Diese Maßnahme ist auch dann wirkungsvoll, wenn der Giebel nicht direkt auf Ihre Tür weist, sondern auf einen bestimmten Bereich der Hausvorderseite. Die Frontseite gilt als das »Gesicht« und ist daher ähnlich sensibel wie der Mund. Achten Sie darauf, daß die

Runde Formen, wie ein Kranz an der Hauswand, schützen vor negativen Energien und Angriffen aus der Nachbarschaft.

Strahlung über den Giebel Ihres Nachbarn hinwegstreicht. Nur so wird die schlechte Energie wirklich neutralisiert. Wenn Sie den Spiegel direkt auf das benachbarte Haus ausrichten, gehen Sie gewissermaßen zu einem »Gegenangriff« über. Rachegelüste aber widersprechen den auf innere und äußere Harmonie ausgerichteten Prinzipien des Feng Shui. Eine andere Abwehrmaßnahme ist die Anbringung einer Tierform auf Ihrem Giebel. Diese Form der Energieableitung ist auch außerhalb des fernöstlichen Raumes weit verbreitet. So findet man beispielsweise Tierskulpturen auf Giebeln alter süddeutscher und österreichischer Bauernhäuser, deren Bewohner damit böse Geister, also schlechtes Chi, abwehren. Die oben beschriebenen Maßnahmen gelten auch, wenn das Nachbarhaus mit einem spitz zulaufenden Erker auf die Eingangsseite Ihres Hauses gerichtet ist.

Andere Formen des Angriffs

- Der benachbarte Giebel weist auf die Längsseite Ihres Hauses: Diese Seite wird als der Oberschenkelbereich interpretiert. Eine sinnvolle Abwehrmaßnahme ist die Errichtung eines vom Boden bis zur Traufe reichenden Geflechts aus Holz oder Bambus, an dem sich Pflanzen emporranken können.

- Das Nachbarhaus ist schräg versetzt und die Hausecke weist auf Ihren Eingang: In diesem Fall hilft die bereits oben beschriebene Spiegelmethode.

- Die Ihnen zugewandte Ecke des Nachbarhauses greift ein Fenster an: Hängen Sie ein Windspiel oder einen echten Bergkristall in die Mitte des Fensters.

- Angriff eines Baumes oder eines Laternenpfahls: Gegen alle schlanken, hoch aufragenden Formen, die unmittelbar auf Ihre Türe oder die Fenster weisen, wie Bäume, Laternenpfähle oder Stangen, an denen Verkehrsschilder angebracht sind oder die Bushaltestellen markieren, kann eine der zuvor beschriebenen Abwehrmaßnahmen angewendet werden. Der Konkavspiegel sollte in diesem Fall auf den Boden direkt vor dem Baum oder der Stange gerichtet sein. Außerdem kann die Tür durch einen hohen, die Tür überragenden Zaun mit Kletterpflanzen geschützt werden. In die Fenster können Sie auch in diesen Fällen Windspiele und Bergkristalle hängen. Türkränze an der Eingangstür haben ebenfalls eine schützende Wirkung. Alle diese Empfehlungen gelten auch für die Abwehr der Geheimen Pfeile, die von Satellitenschüsseln ausgehen, sofern diese direkt auf Ihr Haus weisen.

- Geheime Pfeile im eigenen Vorgarten: Wenn an der Vorderseite Ihres Hauses ein Vorgarten ist, achten Sie auf einen leicht geschwungenen Zugangsweg. Ein schnurgerader Weg beschleunigt den Energiestrom. Ist der Vorgarten umzäunt, so schauen Sie sich den Zaun einmal an: Haben die Zaunlatten spitze Formen, ziehen Sie eine andere Form der Umzäunung in Erwägung. Empfehlenswert ist eine niedrige Mauer, die nicht nur ihren Lebensraum markiert, sondern auch den Phönix aus der an anderer Stelle beschriebenen Landschaftsformation der Vier Himmlischen Tiere repräsentiert.

Sonnenlicht ist der wichtigste Träger für Chi-Energie. Wenn Teile Ihres Hauses im Schatten liegen, sollten Sie das fehlende Sonnenlicht durch Farben und Materialien ausgleichen.

Die Wirkung des Schattens

Der wichtigste Träger der Chi-Energie ist das Sonnenlicht. Wird die Einstrahlung der Sonne auf Ihr Haus gestört, ist auch der Chi-Strom eingeschränkt. Deshalb sollten Sie nicht nur nach Quellen Geheimer Pfeile fahnden, sondern untersuchen, ob Teile Ihres Hauses von Nachbargebäuden besonders verschattet werden. Die Wirkung des Schattens hängt von seiner Richtung und Dauer ab. Meistens werden es Schatten aus östlicher und westlicher Richtung sein, die die längste Zeit bestehen bleiben, denn hier hat die Sonne jeweils ihren tiefsten Stand. Wenn ein Teil Ihres Hauses oder Ihrer Wohnung für längere Zeit im Schatten liegt, besteht die Gefahr, daß Ihnen die entsprechenden Energien der jeweiligen Himmelsrichtung fehlen. Es gibt Maßnahmen, mit denen Sie auch fehlendes Sonnenlicht in Ihrem Heim ausgleichen können. Konzentrieren Sie die Gegenmaßnahmen immer in der Himmelsrichtung, aus der der Schatten kommt.

- **Schatten im Osten:** Alle Energien, die mit Aktivitäten im Beruf, dynamischem Geschäftsleben, Karriere und Ehrgeiz verbunden sind, werden geschwächt. Unterstützen Sie daher die Holz-Energie durch den Einsatz von reichlich Holz beim Mobiliar oder an den Wänden. Nützlich sind auch hohe Grünpflanzen. Hilfreich ist die Hinzufügung eines Wasser-Merkmals, etwa in Gestalt eines Springbrunnens oder eines Aquariums.

- **Schatten im Südosten:** Aus dieser Himmelsrichtung sind Energien wirksam, die die Kommunikationsfähigkeit, schöpferische Kräfte und Reiselust fördern. Auch der Südosten wird vom Holz-Element charakterisiert. Um seine Schwächung durch fehlende Sonneneinstrahlung auszugleichen, empfehlen sich Holz, üppige Grünpflanzen und Wasser. Die dazu passenden Farben sind grün und blau.

- **Schatten im Süden:** Wenn diese Seite durch ein größeres Gebäude verdeckt ist, wird das feurige Chi des Südens, das Leidenschaft fördert und Ruhm sowie soziale Stellung repräsentiert, geschwächt. Mit offenem Feuer wie von Kerzen, mit Pflanzen und mit Accessoires in kräftigem Rot oder Purpur können Sie dem entgegenwirken. Auch Gegenstände mit spitzen Formen sind zweckmäßige Mittel, die fehlende Feuer-Energie auszugleichen.

- **Schatten im Südwesten:** Hier fehlt es an Strömungen, die mit einem harmonischem Familienleben, Mutterschaft sowie einer allgemeinen Festigung der Lebensumstände zusammenhängen. Dieser Schatten bedroht also ganz besonders den häuslichen Frieden. Es mangelt an Erde-Energie, die mit erdfarbenen Gegenständen oder niedrigen Pflanzen in Tontöpfen gestärkt werden kann. Feuer-Merkmale wie brennende Kerzen, spitze Formen bei Accessoires und Mustern sowie kräftige Rottöne erfüllen den gleichen Zweck.

- **Schatten im Westen:** Hier endet der Tag früh und es fehlt an Energie, die zärtliche Gefühle sowie Zufriedenheit in emotionaler wie materieller Hinsicht fördert. Den Mangel an Metall-Energie können Sie mit runden Accessoires aus Metall ausgleichen, zum Beispiel Münzen aus Gold oder Silber. Rotblühende und rundblättrige Pflanzen in einem runden Metalltopf sind in diesem Falle ebenfalls nützlich.

Inventar und Wohnelemente im Feng Shui

Während Sie auf die Umgebung Ihres Zuhauses nur geringfügig Einfluß nehmen können, haben Sie bei der Gestaltung der Innenräume freie Hand. Mit Hilfe von Materialien, Farben, Mustern und Formen, Möbeln und Beleuchtung können Sie eine harmonische Wohnatmosphäre schaffen und so das Chi stärken. Hier finden Sie Informationen zu den wichtigsten Eigenschaften der genannten Gestaltungsmittel. Sie erfahren, welche Wirkung Pflanzen, Spiegel und elektrische Geräte haben und wie Türen, Fenster und Treppen den Chi-Strom beeinflussen.

Das Chi im Innenraum gestalten

Genau so, wie Sie die Umgebung Ihres Hauses energetisch untersuchen und das vorherrschende Chi durch bestimmte Maßnahmen bewahren, stärken oder schwächen können, ist es auch möglich, den Energiestrom im Inneren des Hauses oder der Wohnung Ihren individuellen Bedürfnissen anzupassen. Ihre Hilfsmittel sind die Gegenstände, die Sie ohnehin im Hause brauchen: Möbel, Dekorationsstücke, Farben. Alles, was Sie im Haus hinstellen, aufhängen, anbringen oder auftragen, hat durch seine Form, Farbe und Oberflächenbeschaffenheit direkten Einfluß auf den Chi-Strom. Selbst der scheinbar leere Raum zwischen zwei Gegenständen, also ob Möbel oder Bilder eng nebeneinander stehen oder weit auseinander gerückt sind, hat Auswirkungen. Bleiben Sie aber auch hier pragmatisch: Wenn Sie Blümchenmuster auf Tapeten noch nie gemocht haben, müssen Sie sich jetzt nicht dazu zwingen, um damit beispielsweise fehlende Metall-Energie auszugleichen. Erstens gibt es immer noch andere Möglichkeiten, einem Energiedefizit zu begegnen, und zweitens schadet eine Entscheidung gegen Ihren eigenen Geschmack der Qualität des Feng Shui. Sie müssen sich mit einer Gestaltungslösung immer wohlfühlen.

Wenn Sie das Bagua zur Wohnraumanalyse benutzen, versuchen Sie nicht, das Modell Eins-zu-Eins auf Ihre Wohnraumaufteilung zu übertragen. Sie können ohne weiteres im Karrierefeld ein Kinderzimmer oder das Schlafzimmer einrichten und Sie müssen auch nicht Ihren Geldschrank im Wohlstands-Feld installieren. Entscheidend ist, daß in dem jeweiligen Bereich der Chi-Fluß nicht behindert wird. Wenn das Zimmer, das in dem jeweiligen Feld liegt, gleichgültig für welchen Zweck Sie es nutzen, wirklich in Ordnung ist, dann dürfte es auch in dem zugeordneten Lebensbereich keine Probleme geben. Der Raum soll harmonisch und gepflegt sein sowie regelmäßig benutzt werden. Wenn es in Ihrem Haus Räumlichkeiten gibt, in denen Sie sich nur ganz selten aufhalten, ist es ratsam, zwei Überlegungen anzustellen: Warum sind meine Familie und ich dort so selten? Stimmt dort etwas nicht? Kann ich dort etwas verbessern, was die Attraktivität dieses Zimmers erhöht? Nach den Gesichtspunkten des Bagua-Diagramms wiederum bekommen Sie durch das ungenutzte Zimmer möglicherweise einen wichtigen Fingerzeig für Lebensziele oder Potentiale, die Sie nicht beachten und vielleicht ungenutzt lassen.

Entfernung alter Energien

Entfernen Sie Möbelstücke und Gegenstände, die Sie nicht mehr benutzen, aus Ihrer unmittelbaren Umgebung. Dabei kann es sich um alte Zeitungen und Zeitschriften ebenso handeln wie um Geschirr, Kleidung oder ganze Schränke. Solche Gegenstände sammeln im Laufe der Zeit stagnierendes Chi an, das auf das Feng Shui des gesamten Raumes eine ungünstige Wirkung hat. Dies gilt übrigens auch für echte Antiquitäten, die vielleicht schon seit Generationen die Energien Ihrer Besitzer aufgenommen und gespeichert haben. Wenn Sie sich

Echte Antiquitäten sind zwar schön anzusehen, bergen aber leider auch stagnierendes Chi. Mit Essig- oder Zitronenwasser lassen sie sich von ihrer vielleicht unheilvollen Vergangenheit reinigen.

Hausputz mit ätherischem Rosenöl

an alten Dingen erfreuen und vielleicht sogar Antiquitäten sammeln, müssen Sie damit rechnen, daß diese Stücke nicht nur schön anzusehen sind, sondern auch belastende Energien in sich bergen, die aus unerfreulichen Ereignissen stammen. Die chinesischen Feng Shui-Praktiker empfehlen, sehr alte Möbel mit Essigwasser oder Zitronenwasser zu reinigen. Damit werden die Antiquitäten auch von einer vielleicht unheilvollen Vergangenheit befreit. Um die Schwingungen einer ganzen Wohnung zu harmonisieren, ist auch ein Hausputz mit einer Lösung ätherischen Rosenöls nützlich. Die Furcht vor den destabilisierenden Energien der Vergangenheit führte in China zu aufwendigen Reinigungsritualen vor dem Bezug einer Wohnung. Selbst Neubauwohnungen werden solchen Ritualen unterzogen, denn während der Bauarbeiten könnten Wandergeister eingedrungen sein, die sich negativ auf das Chi der Wohnung auswirken. Die chinesische Tradition empfiehlt, solche Geister mit einem Feuer vor dem Haus unmittelbar vor dem Einzugstermin zu vertreiben. Am Tag des Einzuges soll auf dem Herd ein großer Topf mit Wasser zum Kochen gebracht werden. Damit signalisieren Sie Ihre Ankunft und Ihren Besitzanspruch. Das kochende Wasser ist zudem die Quelle des neuen Chi-Stroms. Vor allem bei älteren Wohnräumen raten die Chinesen zum Ausstreuen von natürlichem Meersalz, das nach einigen Tagen wieder zusammengekehrt und mit den darin aufgesogenen subtilen Energien der vorherigen Bewohner weggeworfen wird. Eine wirkungsvolle Methode, bei seinem Einzug ein von schädlichen Energien gereinigtes Haus vorzufinden, ist auch, mit Hilfe von Duftlampen ätherische Öle in den Räumen zu verbreiten. Diese Prozedur dauert allerdings zwei Wochen.

Lebensräume in Harmonie mit günstigen Strömungen

Ihre Möbel sollten Sie grundsätzlich so aufstellen, daß es zu keiner Behinderung des Chi-Stroms kommt. Problematisch sind in diesem Zusammenhang Möbel mit scharfen Kanten, die Schneidendes Chi hervorrufen, sehr wuchtige Möbel oder dicke Teppiche und Vorhänge, die das Chi verlangsamen. Weniger bedeutet auch hier mehr. Wenn Sie aber auf die Gemütlichkeit, die schwere Textilien zweifellos verbreiten, nicht verzichten wollen, so versuchen Sie, dafür ein Zimmer zu finden, daß von seiner Ausrichtung her über einen höheren Anteil an Yang-Eigenschaften verfügt und setzen Sie ein paar kräftige Farbtupfer. Beachten Sie bei der Anordnung Ihres Mobiliars, daß Sie die meiste Zeit Ihres Aufenthaltes zu Hause an energetisch begünstigten Stellen verbringen können. Da es in den westlichen Kulturkreisen nicht üblich ist, schon die

Bauwerke nach Feng Shui-Kriterien zu errichten, werden Sie in den Innenräumen meistens zu ausgleichenden Maßnahmen greifen müssen. Untersuchen sie die Verteilung von Yin und Yang in Ihren Räumen und bestimmen Sie, welche Teile des Hauses oder der Wohnung für mehr Aktivität genutzt und welche Bereiche für eher passives Verhalten wie Schlafen, Entspannen oder Meditieren verwendet werden. Wenn Sie also ein Zimmer, das mehr Yin ist, eigentlich zum Arbeiten benutzen, sollten Sie Ausstattungselemente auswählen, die mehr Yang sind. Schon eine Pflanze mit spitzen Blättern und Blütenformen, wie sie bei vielen Palmenarten vorkommen, bringt in eine stark Yin-bestimmte Umgebung die Energie des Südens und des Feuers. Andererseits können Sie aus einem von Yang-Energien bestimmten Raum etwa durch einen weißen Anstrich und eine cremefarbene Möblierung ein Schlafzimmer machen, das Ruhe ausstrahlt. Wenn Sie aber das Gefühl haben, daß Ihre berufliche Karriere ins Stocken geraten ist, so statten Sie einen nördlichen Bereich mit einem Wasser-Element aus. Dafür eignen sich Farben wie Dunkelblau oder Schwarz oder ein Aquarium, ein kleiner Springbrunnen, notfalls sogar nur die Abbildung eines Gewässers.

Vor dem Einzug in eine neue Wohnung führt man in China aufwendige Reinigungsrituale durch, um schädliche Energien zu vertreiben. Mit Hilfe einer Duftlampe und ätherischer Öle können Sie harmonisches Chi in Ihrem künftigen Zuhause verbreiten.

Wie Sie sehen, ist Feng Shui kein Regelwerk zur Einschränkung Ihrer Gestaltungsfreiheit. Im Gegenteil, die Regeln des Feng Shui geben Ihnen Möglichkeiten an die Hand, Ihr unmittelbares Umfeld nach Ihren eigenen Bedürfnissen zu gestalten. Komponieren Sie Ihre Wohnung aus den Erkenntnissen, die Ihnen der Antagonismus von Yin und Yang, die Eigenschaften der Fünf Elemente und die Energien der Acht Richtungen sowie die Verknüpfungen des Bagua-Diagramms vermitteln. Im folgenden erfahren Sie noch mehr über einzelne Ausstattungsmerkmale sowie die einzelnen Funktionsbereiche Ihres Hauses oder Ihrer Wohnung. Doch seien Sie auch hier nicht zu streng mit sich. Wenn eigentlich alles so läuft, wie Sie es sich wünschen, brauchen Sie Probleme nicht künstlich herbeizugrübeln. Nur, wenn Sie den Eindruck haben, daß eine Verbesserung notwendig ist, kann Ihnen Feng Shui den vielleicht entscheidenden Hinweis geben.

Die Eigenschaften des Materials

Die energetischen Eigenschaften Ihrer Wohnräume können Sie mit der bewußten Auswahl von Materialien beeinflussen. Jeder Stoff hat seine eigene Art, auf den Chi-Strom einzuwirken. Die Wirkung ist abhängig von der Zuordnung nach den Fünf Elementen und der Ausrichtung des Raumes nach den Acht Himmelsrichtungen. Als Faustregel gilt, daß glatte Oberflächen wie Glas oder poliertes Holz das Chi beschleunigen, rauhe oder weiche Oberflächen, beispielsweise von Stoffen oder Pflanzenfasern, den Chi-Strom verlangsamen. Wenn Sie also schwere Teppiche, die ausgesprochen Yin sind, lieben, aber ebenso eine anregende Atmosphäre schätzen, können sie den Charakter des Zimmers durch großzügig verglaste Schrankfronten und runde Gegenstände aus Metall verändern. Ein Zuviel an Wasser-Energie eines nördlich gelegenen Raumes wiederum können Sie mit dem Einsatz von Holz entgegenwirken, denn dessen Holz-Energie schwächt das Wasser des Nordens.

Seit alters her in den nördlichen Breitengraden eingesetzt, hat das Baumaterial Holz einen ausgleichenden Einfluß auf die Wasser-Energie des Nordens.

Die Stärke der Wirkung, die ein Material entfaltet, ist abhängig von der Größe der Fläche, die es bildet. Eine ganze Wand aus Glas oder Metall hat also mehr Wirkung auf das Chi als eine Tischplatte aus den gleichen Materialien. Sie selbst entscheiden, in welchem Ausmaß die Energieeigenschaften des Raumes verändert werden müssen. Im folgenden werden ausschließlich natürliche Materialien vorgestellt. Kunststoffe sind zwar, wie bereits an anderer Stelle erläutert, grundsätzlich dem Feuer-Element zugeordnet, verfügen aber über eine elektrostatische Aufladung, die das Chi hemmt oder sogar blockiert. Deshalb ist die Verwendung von Kunststoffen nach Möglichkeit zu vermeiden. Das gilt auch für Mischgewebe, Teppiche und Vorhangstoffe, soweit der Anteil des synthetischen Materials an der Mischung 20 Prozent übersteigt.

Die Materialien im Einzelnen:

➤ **Holz:** Grundsätzlich verhält sich Holz den Chi-Energien gegenüber neutral und schafft für jeden Raum eine entspannte Atmosphäre. Allerdings zeigen verschiedene Holzsorten und Oberflächenbehandlungen eine unterschiedliche Wirkung. Unbehandeltes Weichholz von der Kiefer, wie es beispielsweise in Skandinavien gerne verarbeitet wird, hat mit seiner rauhen Oberfläche einen verlangsamenden Effekt. Harthölzer wie Eiche oder Nußbaum, die zudem noch auf Hochglanz poliert sind, beschleunigen den Energiestrom. Holz paßt gut in den Norden, wo es auf die Wasser-Energie beruhigend wirkt und gut mit Metall, hartem Stein und Glas harmoniert. Im Osten und Südosten bewahrt das Holz Elemente, die für Wachstum und Aufbruchstimmung stehen, das durch die Hinzufügung von Glas verstärkt werden kann. Diese Eigenschaften gelten auch für Rattanmöbel oder holzähnliche Materialien wie Weide und Bambus.

➤ **Stein:** Auch hier kann die Beschaffenheit des Steins sowie seine Oberflächenbehandlung Unterschiede im Chi-Fluß herbeiführen. Stein besitzt jedoch in jedem Falle mehr Yang-Eigenschaften. Während Natursteinwände durch eine extrem unruhige und unregelmäßige Oberfläche zu einer Zerstreuung der Energie im Raum beitragen, fördert polierter Stein, etwa Granit oder Marmor, eine anregende Atmosphäre durch beschleunigtes Chi. Für ein Schlafzimmer ist polierter Stein daher ungeeignet. Dagegen kann der stark gehemmte Chi-Fluß etwa eines fensterlosen Badezimmers mit hellem Marmor deutlich beschleunigt werden. Das gleiche gilt auch für glasierte Kacheln und Fliesen. Härtere Steinsorten verstärken die Energien des Nordens, beruhigen die Energien des Nordostens und das Chi des Südwestens. Sie bewahren auch die Energie des Westens und Nordwestens. Weichere Steinsorten bewahren die Eigenschaften des nordöstlichen Chis, beruhigen das Chi des Südens, bewahren das des Südwestens und verstärken den Chi-Strom des Westens und Nordwestens.

➤ **Terrakotta und Keramik:** Sofern Kacheln und Fliesen aus diesem Material nicht wie unter »Stein« beschrieben mit einer glänzenden Oberfläche versehen sind, vertreten sie die Erde-Energie und besitzen daher mehr Yin-Eigenschaften. Dies führt zu einer Beruhigung der Atmosphäre. Terrakotta und Keramik bewahren daher das nordöstliche Chi. Diese Wirkung wird in dieser Himmelsrichtung durch Metall oder härteren Stein noch unterstrichen. In südlicher Richtung wird das Feuer-Element durch das Erde-Elemente gedämpft, in südwestlicher Richtung bewahrt. Im Westen und Nordwesten fördern Terrakotta und Keramik die stabilisierenden Wirkungen aus diesen Himmelsrichtungen.

➤ **Glas:** Dieses Material wird ebenfalls aus Mineralien gewonnen und hat daher mehr Yang-Eigenschaften. Diese Tendenz wird durch die sehr glatte Oberfläche und die Durchlässigkeit für Sonnenenergie extrem verstärkt. Es trägt zu einer spürbaren Chi-Beschleunigung bei und sollte daher wohlüberlegt eingesetzt werden. Es bewahrt die gewaltigen, im Verborgenen wirkenden Energien des Nordens. Sollte ein Ausgleich notwendig sein, hilft auch hier das Holz-Element. Die vitale Aufbruchstimmung aus östlicher und südöstlicher Richtung wird von Glas noch verstärkt. Eine Kombination mit Holz und Pflanzenfasern kann im Bedarfsfall harmonisierend wirken. Im Westen überwiegen die negativen Einflüsse durch Verwendung von Glas, denn das Material schwächt sowohl den materiellen Erfolg als auch Lebensgenuß, Zufriedenheit und Zärtlichkeit. Zu einer Harmonisierung tragen Materialien wie Terrakotta, Sandstein und Stoffe bei.

➤ **Stoff:** Jede Art von Textilien verlangsamt den Chi-Strom und hat dadurch grundsätzlich entspannende Wirkung. Die geeignetsten Einsatzorte sind daher Wohn- und Schlafzimmer. Dort aber, wo mit schweren Stoffen nicht gespart wurde, besteht das Risiko einer Stagnation. Stoff bewahrt und verstärkt somit die Stabilität, die aus nördlicher Richtung wirkt. Ausgleich schaffen Materialien, die mehr in Richtung Yang tendieren, wie harte Steinarten, Glas und Metall.

➤ **Pflanzenfasern:** Für Fußmatten oder Wandbehänge werden gerne Materialien wie Seegras, Sisal, Binsen oder Kokosfasern verwendet. Auch diese

haben durch ihre rauhe, unregelmäßige Oberfläche eine verlangsamende Wirkung auf den Chi-Strom. Sie können damit beruhigend auf die Strömung einwirken, die beispielsweise durch einen langen Korridor zu stark beschleunigt würde. Pflanzenfasern passen gut in den Norden, wo sie mit Holz-Energie den Wasser-Einfluß schwächen. Im Osten und Südosten bewahren sie die Vitalität und die Kräfte des Neubeginns, im Süden verstärken sie die vorherrschenden Energien, die mit starken Gefühlen und Leidenschaft gekoppelt sind. Wenn das Feuer-Element des Südens zu stark wird, wirken Stoffe, Terrakotta und weiche Steinsorten harmonisierend.

➤ **Metall:** Dieses Material ist ein typischer Yang-Vertreter mit beschleunigendem Einfluß auf das Chi. Üblicherweise findet sich Metall in der Wohnung nicht großflächig, sondern in kleineren Einheiten als Werkzeug, Besteck, Armaturen, Kochgeschirr oder in Form der Edelstahlspüle in der Küche. Aber auch mit dekorativen Accessoires wie Schalen und Ziertellern kann in Räumen mit stagnierendem Chi eine anregendere Atmosphäre geschaffen werden. Eine spürbare Verbesserung des Energieflusses kann ein Metallschränkchen in einem fensterlosen Badezimmer herbeiführen.

Die Verwendung von Farben

Jeder hat schon einmal die Erfahrung gemacht, wie sich Farben auf die Stimmung auswirken. Ein kräftiges Rot kann sowohl aggressiv machen als auch ero-

Farben wirken sich auf unsere Stimmungen und Gefühle aus und stimulieren bestimmte Energien. Möchten Sie die Energien eines westlichen Zimmers – Zufriedenheit, Zärtlichkeit und Wohlstand – verstärken, so setzen Sie Rot ein.

Farben sind Formen des Lichts

tische Gefühle stimulieren, Grün hat in vielen Fällen eine beruhigende Wirkung. Es ist wichtig, sich darüber im klaren zu sein, daß Farben verschiedene Formen des Lichts sind, die sich nur durch verschiedene Wellenlängen voneinander unterscheiden. Es handelt sich also um Energieströme, deren unterschiedliche Frequenzen das menschliche Auge und das Sehzentrum im Gehirn in die jeweilige Farbempfindung übersetzen. Damit wird die Bedeutung der Farbe für die Methode des Feng Shui klar: Auch das Chi ist nichts anderes als ein Energiestrom. Wenn dieser Energiestrom auf andere trifft, verändert er sich infolgedessen. Nach den Prinzipien des Feng Shui haben Farben verschiedene Bedeutungen, die wiederum ihre Wirkung bestimmen. In jeder Kultur werden Farben bestimmte Eigenschaften zugesprochen. Außerdem hat natürlich jeder Mensch eine subjektive Einstellung gegenüber Farben. Jeder von uns hat bestimmte Vorlieben und Abneigungen. Beharren Sie also nicht um jeden Preis auf den Zuordnungen und Interpretationen, die Sie im folgenden finden werden. Wenn Sie Purpur nicht ausstehen können, dann nützt es auch nichts, wenn Sie versuchen, die Leidenschaft und Lebensfreude der südlichen Himmelsrichtung damit zu bewahren. Nehmen Sie eine andere Farbe und suchen Sie nach einer anderen Möglichkeit, die sommerlichen Energien in ihr Heim zu holen.

Ähnlich wie die Materialien, die Sie in Ihrem Haus oder Ihrer Wohnung einsetzen, stellen Farben eine weitere Variante dar, Ihren persönlichen Chi-Charakter für Ihr unmittelbares Lebensumfeld positiv zu nutzen. Die Wirkung einer Farbe hängt von der Intensität des Tones und der Größe der Fläche ab. Wenn Sie beispielsweise die Energie des Westens, die für Zufriedenheit, Zärtlichkeit und Wohlstand steht, zusätzlich stimulieren wollen, benötigen sie Rot. Entscheiden Sie sich für pastellenes Rot oder Pink, so ist eine ganze Wand in dieser Farbe nicht zu viel. Bei einem kräftigen Rotton wiederum können Sie sich auf Akzente beschränken: Rote Elemente im Muster des Sofabezugs oder ein knallrotes Kissen im Sessel. Die Methoden des Feng Shui kennen verschiedene Zuordnungen der Farben, die wiederum Yin und Yang betreffen, die Fünf Elemente und die Acht Himmelsrichtungen.

Die Farben der Acht Himmelsrichtungen

Im folgenden geht es um die Bezugnahme auf die Acht Himmelsrichtungen, denn aus ihnen ergibt sich eine Auswahl von zehn Farben: Pastellweiß (Norden), Weiß (Nordosten), Grün (Osten), Dunkelgrün und Blau (Südosten), Purpur (Süden), Schwarz (Südwesten), Rot (Westen), Mittelgrau (Nordwesten)

Grün wird der östlichen Himmelsrichtung zugeordnet und hat eine starke Holz-Energie. Es steht für vitalen Aufbruch und Selbstvertrauen und hat im Wohnzimmer aufmunternden Charakter.

und Gelb (Mitte). Mit den unterschiedlichen Abstufungen, Schattierungen und Mischungen dieser neun Farben ergibt sich eine höchst umfangreiche Palette für die Farbgestaltung Ihrer Wohnräume.

➤ **Pastellweiß:** Diese Farbe steht im Zusammenhang mit den stillen, verborgen wirkenden Kräften des Nordens, die Ruhe, inneres Wachstum, Kreativität und Spiritualität befördern. Damit eignet Sie sich für ein Schlafzimmer oder auch einen Raum, der der inneren Einkehr und Meditation dienen soll. Pastellweiß bewahrt die Kräfte des Nordens, verstärkt diejenigen des Ostens und Südostens und schwächt die Energien des Westens und Nordwestens.

➤ **Weiß:** Das reine Weiß ist die Farbe des Nordostens, der für eine etwas instabile Übergangsphase steht und mit Eigenschaften wie Motivation, der Fähigkeit zu harter Arbeit und Orientierung für das weitere Leben verknüpft ist. Eine gute Farbe also für das Arbeitszimmer eines Menschen, der soeben am Beginn seiner Karriere steht, oder aber für ein Kinderzimmer, denn das nach den Feng Shui-Prinzipien dem Nordosten zugeordnete Familienmitglied ist der jüngste Sohn. Weiß verstärkt Einflüsse aus dem Norden, Westen und Nordwesten und bewahrt die aus Nordosten und Südwesten.

➤ **Grün:** Vitaler Aufbruch, beruflicher Erfolg und Karriere sind die Eigenschaften, die mit dieser Farbe verknüpft sind. Mit Grün wird Selbstvertrauen wirksam. Der Farbton ist daher günstig für ein Büro, verleiht aber auch dem Wohnzimmer einen aufmunternden Charakter. Die starke Holz-Energie, die mit der östlichen Himmelsrichtung verbunden ist, macht Grün auch zu einer idealen Farbe für Räume, in denen das Wasser-Element dominiert, also im Badezimmer und in Teilen der Küche. Grün bewahrt die Kräfte des Ostens wie des Südostens und verstärkt die Einflüsse des Südens.

➤ **Dunkelgrün:** Diese Farbe repräsentiert zusammen mit Blau den Südosten. Die Kräfte dieser Himmelrichtung haben Ähnlichkeit mit denen des Ostens, treten aber nicht in dieser Deutlichkeit auf. Dunkelgrün ist eine anregende und angenehme Farbe für alle Räume, in denen man sich länger aufhält. Seine Wirkung entfaltet dieser Ton besonders in Kombination mit Gelb. Dunkelgrün schwächt die Energien des Nordens, bewahrt die Kräfte des Ostens und des Südostens und stärkt das Chi des Südens.

➤ **Blau:** Für Blau gelten die gleichen Eigenschaften wie für Grün. Die Mischung der beiden vom Südosten und seiner Holz-Energie geprägten Farben Dunkelgrün und Blau ist Türkis. Dieser Farbton ist mehr Yin als die Farben, aus denen er hervorgegangen ist und eignet sich überall dort, wo die lebensspendende Kraft des Holz-Elements nur in Nuancen verstärkt werden soll.

➤ **Purpur:** Dies ist die Farbe des Südens unter der Herrschaft des Feuer-Elements. Da Purpur auch gesellschaftliche Anerkennung und Geselligkeit zugeordnet wird, eignet sich die Farbe zum Beispiel für das Wohnzimmer einer wohlsituierten und gastfreundlichen Familie. Purpur verstärkt die Kräfte des Nordostens und des Südwestens, bewahrt die Energie des Südens und schwächt Einflüsse aus östlicher und südöstlicher Richtung.

Grün und Blau sind in allen Räumen gut aufgehoben, in denen das Wasser-Element dominiert, so auch in Teilen der Küche. Eine allzu starke Betonung dieser Farben sollte man hier jedoch vermeiden.

➤ **Schwarz:** Diese Farbe steht mit dem Erde-Element, dem harmonischen Familienleben, der Festigung bisheriger Erfolge und der Mutter-Symbolik im Zusammenhang. Trotz dieser Vorzüge gestalten in der westlichen Welt die wenigsten Menschen Ihre Wohnung großflächig mit Schwarz, denn hier gilt Schwarz auch als die Farbe des Todes und der Trauer. Dennoch können beispielsweise schwarz lackierte Möbel reizvolle Akzente setzen und allzu starke Feuer-Einflüsse in einem Raum kontrollieren. Schwarz verstärkt westliche und nordwestliche Einflüsse, bewahrt südwestliche und schwächt südliche Energien.

➤ **Rot:** Diese Farbe besitzt die stärksten Yang-Eigenschaften. Rot ist mit seinem Bezug zu Wohlstand und Zufriedenheit gut geeignet für ein Wohnzimmer. Rot steht aber auch für spielerische Leichtigkeit und romantische Gefühle, so daß Sie mit einigen wenigen Rot-Akzenten in einem Schlafzimmer, von dem Sie und Ihr Partner den Eindruck haben, es sei zu sehr Yin, mehr Yang-Qualitäten hineinbringen können. Rot verstärkt das Chi des Nordens, schwächt die Ströme des Nordens sowie des Südwestens und bewahrt die Energie des Westens und Nordwestens.

➤ **Mittelgrau:** Diese dem Metall-Element zugeordnete Farbe steht im Ruf, etwas langweilig zu sein. In der Tat repräsentiert sie Strenge und Autorität, verleiht aber auch Würde und Respekt. Geeignet ist Mittelgrau für einen Raum, der repräsentativen Ereignissen, mit denen die Bewohner eine gehobene Position dokumentieren möchten, vorbehalten ist. Mittelgrau verstärkt Energien aus Norden, bewahrt jene aus Westen und Nordwesten und schwächt die Kräfte des Südwestens.

➤ **Gelb:** Dies ist die Farbe der vom Erde-Element beherrschten Mitte. Gelb paßt daher zu allen Himmelsrichtungen.

Die Macht der Muster und Formen

Bei der Untersuchung der Eigenschaften der Hausumgebung stellte sich bereits die Verbindung der Fünf Elemente zu bestimmten Formen heraus. So sind beispielsweise runde Kuppeln oder Häuser mit einem runden Grundriß dem Metall zugeordnet oder spitze Türme dem Feuer. Das gleiche gilt für Formen, die Sie im Innern Ihrer Wohnung oder Ihres Hauses verwenden. Schauen Sie sich einmal um, wo in Ihrer Wohnung Muster und Formen eine Rolle spielen:

Gemusterte Bodenbeläge, insbesondere Teppiche, an den Wänden finden sich Muster, die auf die Tapeten aufgedruckt sind oder die Sie möglicherweise selbst gemalt haben, die Bezugsstoffe von Polstermöbeln sind häufig mit Mustern versehen ebenso wie Tischdecken oder Stoffe, die Sie für die Vorhänge verwendet haben. Formen, die klar konturiert sind und sich regelmäßig wiederholen, sind mehr Yang, unregelmäßige Formen sind mehr Yin.

Bei der Verwendung von Mustern und Formen gelten die gleichen Regeln wie für Materialien und Farben. Den Zyklen der Fünf Elemente und den Zuordnungen nach den Acht Himmelsrichtungen entsprechend können Sie mit bestimmten Mustern Chi-Energien verstärken, bewahren oder schwächen.

Muster und Formen nach den Acht Himmelsrichtungen

➤ **Unregelmäßige Formen, Wellenlinien:** Diese Formen sind dem Wasser zugeordnet. Wasser hat ebenso einen Bezug zu Reichtum und Wohlstand wie zu den stillen Kräften des Nordens. Unregelmäßige Formen oder Wellenlinien bewahren daher das Chi des Nordens, verstärken das Chi des Ostens sowie des Südostens und schwächen das Chi des Westens.

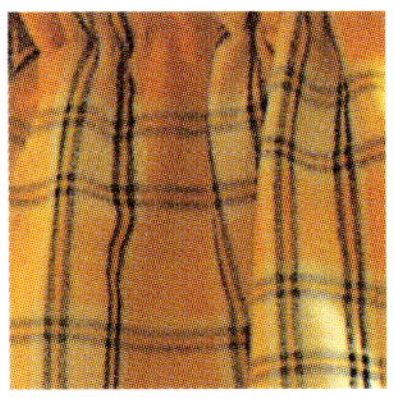

➤ **Breite, flache Formen, horizontale Streifen, Karomuster:** Mit diesen Mustern ist die Sicherheit, Verläßlichkeit und Fruchtbarkeit der Erde verbunden. Das Erde-Element wiederum ist sowohl dem Nordosten, der mit Ernsthaftigkeit assoziiert wird, als auch dem Südosten zugeordnet, der für Familie, Bestandssicherung und Mütterlichkeit steht. Daher bewahren breite, flache Formen, Querstreifen und Karomuster die aus diesen Richtungen wirkenden Energien, verstärken jene aus Westen und Nordwesten und schwächen jene aus dem Süden.

➤ **Hohe, schlanke Formen, vertikale Streifen:** Sie repräsentieren die Holz-Energie des Ostens und Südostens. Damit stehen sie in Verbindung mit geschäftlicher Aktivität, beruflichem Erfolg, Karriere und Fortschritt. Hohe, schlanke Formen und Längsstreifen bewahren also die Kräfte des Ostens und Südostens, wirken stärkend im Süden und schwächend im Norden.

➤ **Regelmäßige, runde Formen (Kreise, Kreisbögen, Ovale):** Diese Formen stehen im Zusammenhang mit dem Metall-Element und haben daher einen Bezug zu Geld, aber auch zu Härte, Disziplin und Ausdauer. Das Metall-

Element ist das dichteste aller Elemente. Daher sollte alles, was damit in Verbindung steht, wohldosiert und mit Bedacht angewendet werden. Metall ist auch das Element des Westens, der für Zufriedenheit, spielerische Leichtigkeit und Romantik steht. Es ist aber auch das Element des strengen Nordwestens. Die Energien des Westens und des Südwestens werden daher durch Kreise, Kreisbögen und Ovale bewahrt. Die Energien des Nordens werden mit diesen Formen gestärkt, diejenigen des Nordostens und des Südwestens geschwächt.

➤ **Spitze Formen (Dreiecke, Pyramiden, Sterne, Zickzacklinien):** Mit diesen Formen steht die Feuer-Energie des Südens in Verbindung. In dieser Himmelsrichtung wirken spitze Formen bewahrend, im Nordosten und Südwesten verstärkend, im Osten und Südosten schwächend.

Die Eigenschaften von Möbeln

Die Japaner haben eine Philosophie des Wohnens entwickelt, die dem chinesischen Feng Shui sehr ähnlich ist. Wenn Sie sich einmal eine traditionelle japanische Wohnung ansehen, werden Sie feststellen, daß es dort so gut wie kein Mobiliar gibt. Um den Fluß des Chi nicht zu stören, lebte und lebt man in für westliche Verhältnisse geradezu asketisch anmutenden Räumen, die häufig nur durch mobile Papierwände voneinander getrennt sind. Nicht einmal ein Tisch stört die Harmonie dieser auf ein Minimum reduzierten Arrangements. Die Mahlzeiten werden von einem Bodentuch in der Hocke sitzend eingenommen.

Wie Farben und Materialien wirken sich auch Muster und Formen auf das Chi aus. Mit Ihrer Hilfe können Sie Energien verstärken, bewahren oder schwächen.

Das soll nicht heißen, daß Sie auf Ihren geliebten Fernsehsessel oder das kuschelige Sofa verzichten sollen. Das Beispiel japanischen Wohnens und das Untersuchen Ihres Haushalts nach den chinesischen Feng Shui-Prinzipien soll nur den Blick schärfen für das, was wirklich notwendig ist. Sie müssen entscheiden, was notwendiges Mobiliar, ein dem Wohlbefinden förderliches Accessoire oder ein bloßer Staubfänger ist.

Darauf sollten Sie achten

Unnötige Gegenstände sollten Sie sofort entfernen, denn an einem nicht gebrauchten Ausstattungsstück sammelt sich schlechtes Feng Shui. Bleiben Sie aber ehrlich zu sich: Wenn Sie gerne Dinge um sich herum sammeln und deren Anblick genießen, bleibt natürlich alles, wie es ist. Eine Veränderung, die für Sie schmerzlich ist, ist nicht im Sinne eines guten Feng Shui. Schaffen Sie aber in jedem Fall freien Raum und achten Sie darauf, daß die Mitte des Zimmers nicht mit Möbeln verstellt oder gar unaufgeräumt ist.

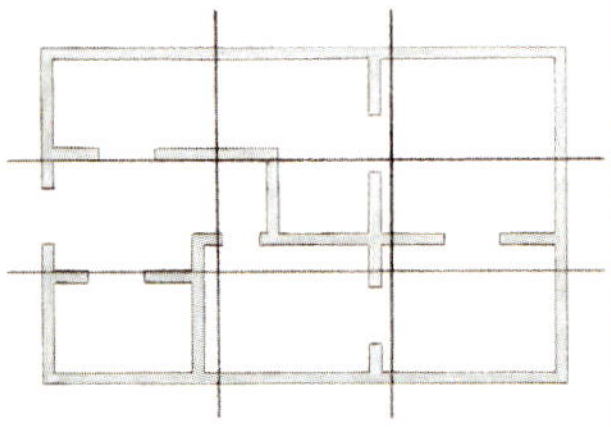

Wenn Sie auf das Bagua-Diagramm schauen, werden Sie sich daran erinnern, daß hier das »Tai Chi«, das energetische Zentrum des Raumes, liegt. Um das Chi in Bewegung zu halten, empfehlen sich für Schrankwände, die üblicherweise viel Fläche beanspruchen, glatte Oberflächen. Durch Eckschränke vermeiden Sie wiederum, daß sich Energie in den Ecken fängt und dort möglicherweise stagniert. Kleinere Kommoden können, wenn Sie in die Höhe gestreckt sind, die vitale Holz-Energie in sich tragen, wenn Sie flach sind, stärken sie die ruhigere Erde-Energie.

Sitzgelegenheiten wie beispielsweise Klappstühle aus Metall haben starke Yang-Eigenschaften. Schwere, runde, großzügig gepolsterte und mit weichem Stoff bezogene Sessel besitzen ausgeprägte Yin-Eigenschaften. Mit einer wohl überlegten Zusammenstellung von Stühlen, Sesseln und Sofas erreichen Sie einen anregenden Energiemix. Das gleiche gilt für Tische und Beistelltische. Eine allzu behäbige Yin-Atmosphäre könnte zum Beispiel mit einem Glastisch lebendiger gemacht werden. Wie schon an anderer Stelle erwähnt, sind Ecken und scharfe Kanten an Möbeln Ursache von Schneidendem Chi, das zu Verwirbelungen Ihrer eigenen Chi-Energie führen kann. Achten Sie bei der Aufstellung von kantigen Möbeln darauf, daß Sie sich nicht unmittelbar den Ecken aussetzen. Problemlos sind Möbel mit abgerundeten Ecken, um die das Chi sanft herumgleiten kann.

Zusätzliche Energien durch Beleuchtung

Die einfachste Möglichlichkeit, stagnierendem Chi neue Impulse zu geben, ist Licht. Denn Licht ist reine Energie, und wenn am Abend das natürliche Licht verschwindet, können Sie den Energiestrom mit bewußt gesetzten Beleuchtungskörpern steuern. Zunächst aber müssen Sie sich überlegen, wo Sie überhaupt Licht brauchen. Helligkeit ist mehr Yang, Dunkelheit mehr Yin. Die Grundbeleuchtung sollte einigermaßen gleichmäßig den ganzen Raum mit Licht versorgen. Dann setzen Sie weitere Lichtquellen dort ein, wo Sie einer Tätigkeit nachgehen. Licht fördert Aktivität. Überprüfen Sie, ob in Ihren Räumen dunkle Ecken sind. Sorgen Sie auch hier für zusätzliche Lichtquellen, denn in dunklen Ecken und Nischen wird der Chi-Strom gebremst oder kommt völlig zum Stillstand.

Im Handel sind heutzutage viele verschiedene Lichtquellen mit unterschiedlichen Eigenschaften erhältlich. Dazu gibt es eine Fülle an Lampen, in denen die unterschiedlichen Techniken der Lichterzeugung optimal zum Einsatz gebracht werden können. Mit Lampenschirmen aus Metall oder Stoff haben Sie Einfluß auf das Yin- und Yang-Verhältnis. Durch indirekte Beleuchtung,

Licht bringt stagnierendes Chi zum Fließen. Wenn am Abend die Sonne sinkt, werden die Energieströme durch künstliche Beleuchtung gelenkt.

also die Reflexion einer Lichtquelle an eine Wand oder Decke, entsteht ein sanftes Licht, das mehr Yin ist. Mit einem am Boden stehenden Deckenfluter können Sie die Aufwärtsbewegung des Chi stimulieren und damit die bedrückende Wirkung niedriger oder abgeschrägter Decken mildern. Gutes Licht in Wohn- und Arbeitsräumen ist Voraussetzung für das Wohlbefinden. Obwohl natürlich auch von künstlichen Lichtquellen elektromagnetische Strahlung ausgeht, die sich störend auf das natürliche Chi auswirken kann, sind Kerzen keine Alternative zum elektrischen Licht. Kerzenlicht oder Öllampen können nur eine stimmungsvolle Ergänzung beziehungsweise Hinzufügung von Feuer-Energie sein, wo es Ihnen notwendig erscheint.

Die Beleuchtungsarten

➤ **Glühbirnen:** Sie sind die klassische Form des elektrischen Lichts. Wenn es sich um eine Birne aus Klarglas handelt, ist das Licht besonders hart und nicht jedermanns Sache. Hier schafft ein hübscher Lampenschirm oder die Plazierung hinter einer Pflanze Abhilfe. Wesentlich angenehmeres Licht verbreiten mattierte Glühbirnen. Eine Variante der nach allen Richtungen gleichmäßig abstrahlenden Birne ist der Spot, dessen Lichtaustritt in einem schmalen Kegel erfolgt. Sie können damit ein einzelnes Ausstattungsstück, beispielsweise ein Bild, besonders hervorheben oder einen Bereich, in dem sich der Chi-Strom verlangsamen könnte, punktuell energetisch aufladen. Sowohl die einfache Glühbirne als auch den Spotscheinwerfer gibt es in verschiedenen Farben. Sie können also die Beleuchtung mit in die Farbkomposition Ihrer Räume einbeziehen.

Durch Lampenschirme aus Stoff und indirekte Beleuchtung entsteht ein sanftes Licht, daß Yin-Charakter hat.

➤ **Halogenleuchten:** Diese moderne Form der Beleuchtung gibt ein sehr intensives, strahlendes Licht mit engem Austrittswinkel ab. Halogenleuchten eignen sich gut zur Hervorhebung von Details und Beschleunigung des Chi-Stroms in ungenügend ausgeleuchteten Winkeln.

➤ **Leuchtstoffröhren:** Sie sind besonders an Arbeitsplätzen, sowohl an Produktionsstätten als auch in Büros, wegen ihrer gleichmäßigen Helligkeit und wirtschaftlichen Lichtausbeute beliebt. Sie haben allerdings den Nachteil, daß die Helligkeit mehr Yang als bei anderen Beleuchtungsarten ist, aber der wesentlich höhere Austritt an elektrischer Strahlung hebt die arbeitsfördernde Wirkung wieder auf. Für den privaten Gebrauch, etwa in Badezimmerschränken, stehen Leuchtstoffröhren mit unterschiedlichen Farbtemperaturen zur Verfügung. Entscheiden Sie sich auf jeden Fall für die höhere Farbtemperatur und damit für das »wärmere« Licht.

➤ **Energiesparlampen:** Da diese neueste Generation der Beleuchtungskörper nach einem ähnlichen Prinzip funktioniert wie die Leuchtstoffröhren, haben sie im Hinblick auf ein gutes Feng Shui leider die gleichen Nachteile. Was für diese Lampen spricht, ist der erheblich niedrigere Stromverbrauch und die höhere Lebensdauer.

Pflanzen erhöhen das Chi

Auch wenn Sie bisher ohne Kenntnisse der Feng Shui-Regeln Ihre Wohnung gestaltet haben, nutzten Sie vermutlich Topfpflanzen und Schnittblumen, um den Räumen eine frischere, lebendigere Atmosphäre zu verleihen. Eine Pflanze ist aber nicht nur ein Dekorationselement, sondern stellt auch eine eigene Chi-Quelle dar. Hinsichtlich der Stimulierung des Chi-Stroms spielen Pflanzen eine besonders wichtige Rolle, denn sie gelten als lebendige Wesen mit einer eigenen Aura.

Dieffenbachie

Menschen, die eine besonders glückliche Hand bei der Aufzucht und Pflege von Pflanzen haben, nennen als Grund des Erfolgs ihre Liebe und ihr Gespür für Pflanzen. Eine Pflanze kann aber auch einen negativen Einfluß auf das Chi haben. Wenn Pflanzen krank sind, hat das die gleiche Bedeutung wie bei jedem anderen lebenden Organismus auch: Krankheit bedeutet nichts anderes als stagnierendes Chi, und die Krankheit Ihrer Pflanze ist ein Signal dafür, daß in Ihrem Umfeld etwas nicht in Ordnung ist.

Topfpflanzen und Schnittblumen verleihen Wohnräumen eine lebendige Atmosphäre. Sie sind nicht nur Dekorationselemente, sondern auch Chi-Quellen.

Kolbenkalla

Fensterblatt

Die Wirkung gesunder Pflanzen und Blumen auf die Energieströme vollzieht sich nach ähnlichen Gesichtspunkten wie in anderen Bereichen des Hauses oder der Wohnung. Die Erscheinungsformen der Pflanzen sind wiederum den Fünf Elementen und den Acht Himmelsrichtungen zugeordnet. In der Feng Shui-Praxis werden vor allem Zimmerpflanzen mit runden Blattformen empfohlen, wie sie bei einigen Gummibaumarten, dem Geldbaum, Philodendron, Chrysanthemen oder auch Wasserpflanzen vorkommen. Diese sind zudem dem Metall-Element zugeordnet, das finanziellen Erfolg fördert. Die in den westlichen Ländern beliebten spitzblättrigen Palmenarten wie die Yuccapalme oder der Drachenbaum sind aus fernöstlicher Sicht wegen des Schneidenden Chis, das durch die zahlreichen, gegen den Menschen gerichteten Blattspitzen entsteht, nicht empfehlenswert. Allerdings sind sie stark Yang, denn durch ihre hohe Form sind sie Träger von Holz-Energie und durch die Blattform beinhalten sie Feuer-Energie. Wenn Sie diese Eigenschaften an Stellen mit stagnierendem Chi fördern wollen, sind Pflanzen mit spitzen Blättern eine gute Lösung. Achten Sie allerdings darauf, daß Sie Yuccapalme oder Drachenbaum nicht in der Nähe einer Sitzecke oder eines Bereichs aufstellen, in dem sich Menschen für längere Zeit aufhalten. Wasser-Energie unterstützen Sie beispielsweise mit einem rankenden Efeu, der sehr anspruchslos ist und die lebensspendende Energie des Wasser-Elements auch in eher dunkle Bereiche bringt. Pflanzen mit niedrigem Wuchs wie das Alpenveilchen oder die Begonie unterstützen die Energie des Erde-Elements. Um in den Acht Himmelsrichtungen das jeweilige Chi anzuregen, gilt grundsätzlich folgendes: Blüten in gebrochenem Weiß bis Cremefarben im Norden, strahlend weiße Blüten im Nordosten, hoch wachsende Grünpflanzen im Osten, langstielige blaublühende Blumen im

Südosten, sternförmige, rote oder purpurfarbene Blüten im Süden, gelbe Blumen im Südwesten, rote Blumen im Westen und weiße Blumen mit möglichst kreisrunden oder kugelförmigen Blüten im Nordwesten.
Sie haben weitere Möglichkeiten, die Wirkungen der Pflanzen auf das Chi zu variieren, in dem Sie Material und Form der Töpfe und Krüge, in denen Sie die Pflanzen aufgestellt haben, entsprechend den Fünf Elementen und Acht Himmelsrichtungen auswählen. So erhalten Sie mit einer pyramidenförmigen Vase eine Steigerung der Süd-Energien, die für Leidenschaft und Ruhm stehen. Eine flache Terrakottaschale hingegen stärkt die Erde-Energie, die mit einem harmonischen Familienleben und mütterlicher Fürsorge verbunden ist.

Yuccapalme

Magische Spiegel

Vor langer Zeit spielten Spiegel eine wichtige Rolle als magisches Instrument. Im modernen Alltag nimmt man Spiegel jedoch nur noch als nützliche Einrichtungsgegenstände wahr, die bei der Morgentoilette oder dem schnellen, prüfenden Blick auf die Kleidung vor Verlassen des Hauses dienlich sind. Doch in der Lehre des Feng Shui haben Spiegel eine große Bedeutung für den Chi-Fluß. Ihre glatte Oberfläche beschleunigt das Chi und ihre reflektierende Wirkung strahlt es wieder zurück. Wie bereits erwähnt, lassen sich sogar Geheime Pfeile mit Spiegeln unschädlich machen. Während sich mit konkaven Spiegeln die schädliche Energie gebündelt über das Dach des »angreifenden« Hauses leiten läßt, sorgen konvexe Spiegel für die Zerstreuung der Energie. So können anstelle der Spiegel über der Tür auch polierte, runde Türgriffe oder stark glänzende, runde Blumentöpfe diese Funktion erfüllen.

Wenn Sie einen Spiegel aufhängen, dann behalten Sie bitte in Erinnerung, daß Farbe, Form und Material des Rahmens Einfluß auf das Chi haben. Sehr ungünstig ist es, wenn zwei Spiegel einander unmittelbar gegenüberhängen. In diesem Fall bewegt sich der Chi-Strom zwischen beiden Spiegeln hin und her, aber nicht mehr weiter. Spiegel sind auch nützlich, um ungünstige Raumzuschnitte zu verbessern. Ein kleiner Raum kann zum Beispiel durch einen großen Spiegel an einer Wand optisch deutlich vergrößert werden. Dieser Effekt ist auch hilfreich, um den Chi-Fluß in einem L-förmigen Zimmer zu optimieren. Ein großer Spiegel am eingerückten Teil des Raumes erweckt den Eindruck, dahinter gehe es weiter. Auch der schnelle Chi-Fluß in einem langen Korridor kann mit Spiegeln beruhigt werden. Bringen Sie wechselweise versetzt Spiegel an den Wänden an. Wo das Chi auf der langen Gerade bisher beschleunigt wurde, schwingt es jetzt harmonisch von Spiegel zu Spiegel und wird dadurch verlangsamt.

Die Energiefelder elektrischer Geräte

Im alten China kannte man das Problem elektromagnetischer Strahlung nicht, aber in der modernen Welt muß man sich mit diesen Störfaktoren auseinandersetzen, weil sie das natürliche Chi schwer belasten können. Durch die Hochspannungsleitungen über Land und die elektrischen Geräte, die im Haushalt verwendet werden, sind die elektrischen Energiefelder fast so allgegenwärtig wie die Strahlung des Chi. Während der letzten Jahre war sogar vermehrt vom »Elektrosmog« die Rede. Zwar sind die konkreten Auswirkungen dieser Strahlung auf den menschlichen Körper noch nicht im Detail erklärt, fest steht jedoch, daß sie nicht gerade willkommen sind. Veränderungen des Erbguts sind unter dem ständigen Einfluß elektromagnetischer Felder nicht auszuschließen. Deshalb sollten beispielsweise schwangere Frauen den täglichen Umgang mit dem Computer, dessen Bildschirm besonders viel Strahlung abgibt, vermeiden.

Prüfen Sie doch einmal, wie viele der elektrischen Geräte, die Sie zu Hause haben, tatsächlich benötigen. Läßt sich Brot nicht auch mit der Hand schneiden? Ist für das Frühstücksei wirklich ein Eierkocher erforderlich? Achten Sie auch darauf, daß Sie Geräte mit Standby-Schaltung - dabei handelt es sich mei-

Die elektromagnetische Strahlung eines Fernsehers kann das natürliche Chi eines Raumes stark belasten. Nutzt man das Gerät längere Zeit nicht, sollte man es ganz ausschalten.

stens um den Fernseher und die Stereoanlage - immer ganz ausschalten, wenn Sie sie für einen längeren Zeitraum nicht benutzen. Abgesehen von der Stromersparnis vermeiden Sie auch eine höhere Strahlenbelastung.

Vermeidbare und unverzichtbare Geräte

Bei Elektrogeräten ziehen Sie den Stecker am besten ganz heraus, denn viele Teile der Geräte produzieren bereits elektromagnetische Felder, wenn sie nur mit dem übrigen Stromnetz verbunden sind. Im folgenden erhalten Sie einige Hinweise zu den wichtigsten elektrischen Geräten, die in einem Haushalt verwendet werden.

➤ **Mikrowellenherd:** Eine neue Erfindung in der Küche ist die Erwärmung bereits vorgekochter Gerichte im Mikrowellenherd. Nach den Regeln des Feng Shui ist diese Form der Essenszubereitung völlig indiskutabel. Die intensive Bestrahlung mit extrem hochfrequenter Energie verändert das Chi der Nahrungsmittel. Manche Feng Shui-Praktiker sind der Überzeugung, daß häufiger Gebrauch des Mikrowellenherds zur Erwärmung der Speisen zu ernsthaften Orientierungsstörungen führt.

➤ **Elektroherd:** In abgeschwächter Form gilt das, was über die Mikrowelle gesagt wurde, auch für den heute üblichen und leider weit verbreiteten Elektroherd. Auch hier werden Sie in zweifacher Hinsicht negativ belastet: Einmal durch die elektromagnetischen Felder, die das Gerät direkt auf seinen Benutzer abstrahlt, zum anderen durch die Veränderungen, die diese Felder der Nahrung zugefügt haben. Wenn irgend möglich, sollte der Elektroherd durch einen Gasherd oder einen Ölofen ersetzt werden.

➤ **Kühlschrank:** Niemand wird heute mehr ernsthaft auf dieses nützliche Gerät verzichten wollen, aber es ist wichtig zu wissen, daß Kühl- und Gefrierschränke ihre elektromagnetische Strahlung auch nach innen abgeben und damit die natürlichen Energien der dort gelagerten Nahrungsmittel beeinträchtigen. Sollten Sie in Ihrem Haus einen sehr kühlen, trockenen Raum haben, dann versuchen Sie, so viele Lebensmittel wie möglich dort zu lagern.

➤ **Fernsehapparat:** Dies ist ein Gerät, dessen Nutzung von einer gewissen Distanz aus erfolgt. Damit sind sie relativ gut geschützt, denn die Strahlung der Röhre nimmt mit zunehmender Entfernung stark ab.

➤ **Computer:** Wie beim Fernsehapparat hat man es hier mit einem Bildschirm zu tun. Doch in der Regel sitzt der Benutzer in einem relativ geringen Abstand davor. Zur Abschirmung der elektromagnetischen Felder gibt es spezielle Schutzblenden, die vor dem Monitor befestigt werden können. Eine andere Lösung ist der Laptop, dessen LCD-Display wesentlich geringer strahlt.

➤ **Elektrische Heizgeräte:** Von diesen Geräten ist schon allein wegen ihres enorm hohen Stromverbrauchs abzuraten. Bevor Sie einen Heizlüfter oder ähnliches einsetzen, versuchen Sie andere Lösungen zu finden, um den Raum zu erwärmen.

➤ **Mobiltelefon:** Sie haben sich in der modernen Telekommunikation längst durchgesetzt. Ihr Nachteil ist, daß Mobiltelefone eine dem Mikrowellenherd ähnliche Schwingung emittieren, die bei längeren Gesprächen den an das Ohr angrenzenden Gehirnbereich aufheizt. Gesünder ist ein herkömmlicher Telefonapparat.

Energieschleuse Tür

Es ist in erster Linie die Eingangstür, durch die das Chi in das Haus eintritt. Jedes Mal, wenn Sie das Haus oder die Wohnung betreten oder verlassen, dringt neues, unverbrauchtes Chi in die Wohnräume ein. Demzufolge beschleunigt sich der Energieaustausch, wenn mehrere Menschen in einem Haushalt leben, die über den Tag hinweg häufig durch die Eingangstüre treten.

Im traditionellen Feng Shui entspricht die Eingangstür dem Mund des Menschen. Siebzig bis achtzig Prozent des Chi strömen durch sie ins Haus hinein.

Der Mund des Hauses

Etwa siebzig bis achtzig Prozent der Energie strömen durch den Haupteingang des Hauses ein, der Rest durch die Fenster. In Regionen mit sehr warmem Klima, wo die Fenster über die meiste Zeit des Tages geöffnet sind, fließt die Energie immerhin noch zu fünfzig bis sechzig Prozent in das Gebäude ein. Dabei spielt es keine Rolle, ob die Tür, die Sie als Eingang benutzen, tatsächlich ursprünglich einmal als Haupteingang gedacht war. Wenn Sie häufig die Tür zum Garten oder den Weg durch die Garage als Eingang benutzen, dann werden diese Türen zur maßgeblichen Energieschleuse Ihres Hauses. Benutzen Sie oder Ihre Familienangehörigen regelmäßig mehrere Eingänge, dann wird der Energiefluß aus entsprechend vielen Richtungen in Ihre Wohnräume einströmen. Da diese Eingänge vermutlich nach verschiedenen Himmelsrichtungen ausgerichtet sind, mischen sich verschiedene Arten des Chi. Über die Bedeutung der Acht Himmelsrichtungen in Bezug auf die Eingangssituation erfahren Sie im folgenden mehr.

Wie schon an anderer Stelle beschrieben, entspricht die Eingangstür im traditionellen Feng Shui dem Mund des Menschen. Gleichgültig, in welche Himmelsrichtung die Tür weist, sollte der Platz davor großzügig gestaltet sein und frei bleiben. Sie kennen bereits die Geheimen Pfeile, die von nahestehenden Bäumen, Säulen und Pfosten ausgehen, wenn sie direkt gegenüber der Tür stehen. Sie sind inzwischen auch mit der Bedeutung des Phönix vertraut, jenem mystischen Vogel, der über den Bereich vor einem Haus wacht. Für ihn schafft ein nicht zu schnell fließendes Gewässer eine ideale Umgebung, die Sie natürlich nicht überall finden werden. Sie erzielen jedoch den gleichen Effekt, indem Sie einen Springbrunnen oder eine niedrige Mauer errichten.

Die Position der Eingangstür nach den Acht Himmelsrichtungen

Die Art der Chi-Energie, die Ihr Haus oder Ihre Wohnung überwiegend aufnimmt, wird durch die Ausrichtung der Eingangstür bestimmt. Wie auch bei allen anderen Ausstattungsmerkmalen der Wohnräume wirken die Energien unterschiedlich. Sollten Sie feststellen, daß eine auf den Eingangsbereich wirkende Energie eher gegen Sie arbeitet, dann machen Sie entweder einen Nebeneingang zum Haupteingang oder verlangsamen Sie den Energiestrom, indem Sie vor dem Hauseingang eine Grünfläche mit einem gewundenen, von dichten Pflanzen gesäumten Pfad anlegen. Wenn Sie die Beschaffenheit der Türbeschläge, also der Türklinke und des Namensschildes, wählen, helfen

Wenn ein Fenster der Haustür direkt gegenüberliegt, kann das eintretende Chi zu schnell entweichen. Ein Paravent hilft, die Energie zu verteilen.

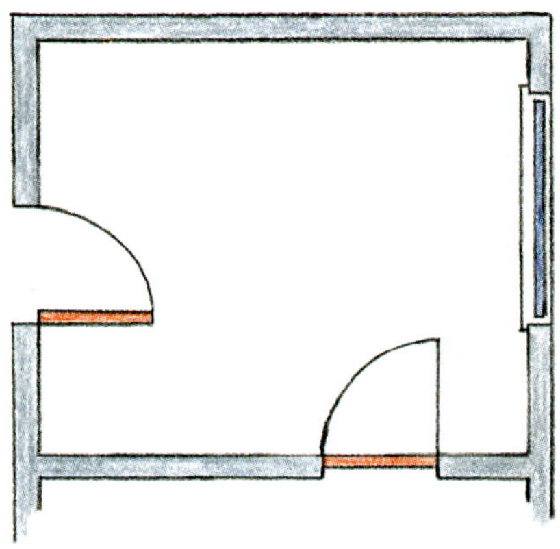

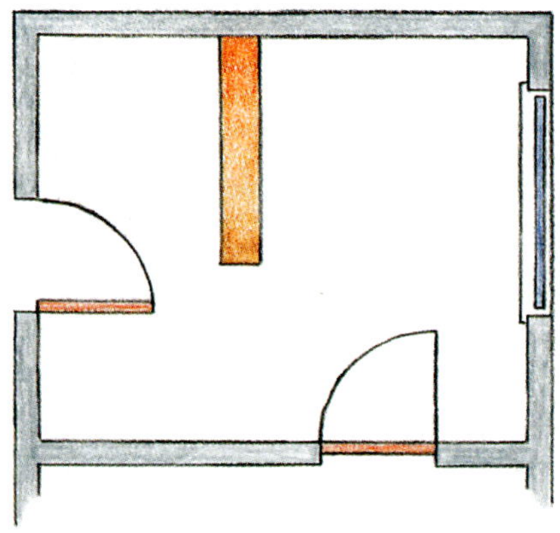

Ihnen die Acht Himmelsrichtungen weiter. Die gebräuchlichsten Materialien sind Holz und Metall, etwa blankpoliertes Messing, das wie ein Spiegel wirken kann. Statten Sie Ihre Eingangstür im Osten, Südosten und Süden mit Holz aus, in den anderen Richtungen mit schmückenden Metallgegenständen.

➤ **Norden:** Für die Eingangstür ist diese Himmelsrichtung die ungünstigste. Das eher im Verborgenen wirkende Chi des Nordens hat eine hinderliche Wirkung auf aktive Menschen. Wenn Ihre Eingangstür nach Norden weist, dann setzen Sie mit einem kräftig roten Anstrich etwas dagegen.

➤ **Nordosten:** Auch die starken Energien des Nordostens sind einem harmonischen Familienleben abträglich. Weisen Sie diese Kräfte mit einem Hochglanzanstrich, am besten in Weiß, zurück.

➤ **Osten:** Diese Himmelsrichtung unterstützt Tatendrang und Jugend. Die östliche Ausrichtung ist deshalb günstig für Menschen, die sich am Anfang ihres Berufslebens oder eines neuen Lebensabschnittes befinden. Laden Sie diese Energien mit einer grünen oder auch pastellweißen Tür auf.

➤ **Südosten:** Die ideale Ausrichtung einer Eingangstür weist in diese Himmelsrichtung. Sie fördert geselligen Austausch, was der Funktion und dem Charakter einer Tür am besten entspricht, sowie organischen, beständigen Fortschritt. Mit einem Anstrich in Dunkelgrün oder Blau lassen sich diese Kräfte bewahren.

➤ **Süden:** Dies ist die Himmelsrichtung für sehr aktive und leidenschaftliche Menschen, die allerdings aufpassen müssen, daß sie nicht hyperaktiv werden. Stille Charaktere können von den Feuer-Energien des Südens zu mehr Aktivität und Impulsivität angeleitet werden. Sie können diese Strömung bewahren durch einen Anstrich in Purpur, stärken mit einer grünen Tür und beruhigen, indem Sie den Eingang schwarz anstreichen.

➤ **Südwesten:** Die Kräfte aus südwestlicher Richtung sind der Lebensqualität einer Hausgemeinschaft ebenfalls förderlich. Hier werden familiäre Harmonie, Mutterschaft und Freundschaft unterstützt. Unterstützen Sie das Chi mit einer schwarzen, roten, oder mittelgrauen Tür.

➤ **Westen:** Der Chi-Strom dieser Himmelsrichtung steht in Bezug zu materieller Sicherheit, aber auch zu Zärtlichkeit und Vergnügen. Die Türausrichtung nach Westen ist optimal für eine Familie mit Eltern »in den besten Jahren« und älteren Kindern, die dabei sind, das Haus zu verlassen. Auch hier sind Schwarz, Rot und Mittelgrau passende Farben.

➤ **Nordwesten:** Die Kräfte des Nordwestens stehen für Strenge, Autorität, Führungsanspruch und Kontrolle. Wenn Sie diese Eigenschaften für Ihr Leben unterstützen wollen, wählen Sie auch in diesem Falle Schwarz, Rot und Mittelgrau als dominierende Farben.

Ab durch die Hintertür

Klebeband an einer Außenwand

Bisher ging es hauptsächlich darum, wie das Chi in das Haus hineinströmt. Doch auch der Austritt des Chi ist von Bedeutung. Er erfolgt nur zum Teil durch die Fenster. Jedes Haus und jede Wohnung benötigt einen »Hinterausgang«. Wenn Sie nicht wirklich eine Hintertür oder irgendeinen anderen seitlichen Ausgang haben, erfüllt diese Funktion auch eine Balkon- oder Terrassentür. Es genügt sogar eine symbolische Hintertür: Markieren Sie, beispielsweise mit Klebeband, an einer Außenwand einen türähnlichen Durchlaß. In manchen Ländern des Fernen Ostens werden sogar großformatige Poster verkauft, auf denen Hintertüren abgebildet sind. Auch diese dienen als symbolische Hintertüren. Da die Menge des ein- und ausströmenden Chis auch von der Größe der Tür beeinflußt wird, sollte die Hintertür nicht größer als die Vordertür sein. Dadurch kann ein Defizit an Energie entstehen. Nach den traditionellen Feng Shui-Methoden steht dies für eine unbefriedigende Entwicklung in Geldangelegenheiten. Ungünstige Wirkung kann eine Hintertür auch dann haben, wenn sie sich direkt in einer Linie mit der Vordertür befindet. In diesem Fall entweicht das Chi zu schnell wieder, ohne die Bewohner erreicht zu haben.

Mehr Tips für Türen innen und außen

Schummrige Atmosphäre bremst das Chi

➤ Sorgen Sie dafür, daß der Eingangsbereich hinter einer Tür hell und freundlich ist. Schummrige Atmosphäre ist mehr Yin und bremst das Chi bereits beim Eintritt in die Wohnräume.

➤ Wenn ein Fenster direkt gegenüber der Tür liegt, so kann auch hier das Chi zu schnell entweichen. Wenn der Raum groß genug ist, kann ein Paravent die Energie im Raum verteilen. Hilfreich ist auch ein Bergkristall oder ein Windspiel, das in der Mitte des Fensters hängt.

➤ Eine Zimmertür, die der Eingangstür gegenüberliegt, führt dazu, daß nur ein Raum vom eintretenden Chi durchströmt wird. Ein Windspiel in der Diele trägt dazu bei, den Energiestrom auch in die umliegenden Räume zu lenken.

➤ Die ungünstigste Situation im Eingangsbereich ist, wenn eine Toilette gegenüber der Vordertür liegt. Leider läßt sich dieser Zustand im nachhinein meistens nicht mehr korrigieren. Ein Spiegel an der Toilettentür verhindert, daß das Chi durch den Wasserabfluß gleich wieder nach außen gelangt.

➤ Eine Tür sollte grundsätzlich nach innen geöffnet werden. Damit lenken Sie den Chi-Strom beim Betreten des Raumes automatisch hinein. Türen, die nach außen geöffnet werden, behindern den Energiestrom.

➤ Achten Sie darauf, auf welcher Seite des Türrahmens die Tür angeschlagen ist. Sie können die Intensität und Richtung des Chi-Stromes auch mit dem Türanschlag beeinflussen: Eine rechts angeschlagene Tür lenkt den Strom stärker in die linke Raumhälfte, bei einer links angeschlagenen Tür wird die Energie in der rechten Raumhälfte verstärkt.

➤ Toilettenräume und Badezimmer sind wegen der starken Wasser-Energien und der Hygienebedingungen energetisch besonders heikel. Halten Sie deshalb die Türen zu diesen Räumen grundsätzlich immer geschlossen.

➤ Achten Sie in der Diele auf Ordnung, damit der Chi-Strom nicht schon beim Eintritt in die Wohnräume irritiert wird. Alles an Kleidung und Schuhen, was Sie nicht benötigen, räumen Sie am besten in Schränke.

➤ Wenn die Gegebenheiten es zulassen, sollte das Wohnzimmer der erste Raum sein, den man nach der Diele betritt. Dadurch werden Gemütlichkeit und Gastlichkeit eines Haushalts gesteigert.

Windspiele sind im Feng Shui ein wichtiges Hilfsmittel, um Energieströme zu lenken. Man kann sie in einen Raum oder vor ein Fenster hängen.

Fenster sind Pforten des Lichts

Anzahl, Ausrichtung und Form von Fenstern haben Einfluß auf das Chi. Durch die Fenster dringt natürliches Licht in die Räume und verändert das Chi. Die Energiemenge ist jedoch wesentlich geringer als bei Türen, weil üblicherweise Fenster nicht zum Betreten oder Verlassen des Hauses benutzt werden. Überprüfen Sie, ob der Anteil der Fensterflächen gegenüber den übrigen Wandflächen in einem harmonischen Verhältnis steht. Zu viele und zu große Fensterflächen können den in den Räumen vorhandenen Chi-Strom zu stark in Bewegung setzen, was wiederum zu Unruhe, Erregung oder gar Nervosität führen kann. Zu wenige oder zu kleine Fenster wiederum verschaffen zu wenig Helligkeit. Dunkelheit wiederum ist Yin-geprägt und führt zu Ermüdung und Motivationsmangel. Der Lichtfluß muß also zum einen reguliert werden und zum anderen muß das Bedürfnis nach Intimsphäre sowie Schutz vor neugierigen Blicken von draußen gewahrt bleiben. Dafür gibt es eine

Reihe sehr unterschiedlicher Fensterdekorationen, die nicht nur als Schmuck dienen, sondern auch den Zweck haben, im Bedarfsfall zu grelles Licht zu dämpfen.
Ähnlich wie bei den Türen gilt auch für andere Wandöffnungen, daß sie durch eine entsprechende Malerei, Abbildung oder Markierung mit Klebebändern »symbolisiert« werden können. Ein Raum mit zu wenigen oder gar keinen Fenstern kann mit Hilfe »symbolischer Fenster« ein gutes Feng Shui erhalten.

Fensterformen

Fensterformen stehen auch im Zusammenhang mit den Eigenschaften der Fünf Elemente und der Acht Himmelsrichtungen.

Die gebräuchlichsten Fensterformen sind:

➤ **Hoch und rechteckig:** Fenster, die höher als breit sind, stehen in Verbindung mit der vitalisierenden, expansiven Holz-Energie. Verwenden Sie solche Fenster im Osten, Südosten und Süden.

➤ **Breit und rechteckig:** Fenster, die breiter als hoch sind, repräsentieren die Erde-Energie, die Stabilität und Gelassenheit unterstützt. Nordosten, Süden, Südwesten, Westen und Nordwesten sind passende Himmelsrichtungen.

Fensterformen beeinflussen das ins Haus einfallende Licht und das Chi. Je nach Himmelsrichtung gibt es günstige und weniger günstige Formen.

➤ **Quadratisch:** Diese Fenster haben im wesentlichen ähnliche energetische Eigenschaften wie die oben genannten, wirken jedoch aufgrund der kompakteren Form etwas harmonischer.

➤ **Rund:** Kreisförmige oder ovale Fenster wirken ebenfalls stark harmonisierend. Hinzu kommt, daß der Bezug zur Metall-Energie die Konzentration fördert und eine gewisse Strenge schafft. Runde Fenster passen am besten in nördliche, nordöstliche, südwestliche, westliche und nordwestliche Himmelsrichtungen.

Falls Sie nicht nur mit Formen, sondern auch mit farbigem Glas experimentieren möchten, orientieren Sie sich, bevor Sie ans Werk gehen, an den Farbzuordnungen der Acht Himmelsrichtungen.

Die wichtigsten Fensterdekorationen

➤ **Vorhänge:** Zumindest in der westlichen Welt sind Stoffvorhänge die am weitesten verbreitete Fensterdekoration. In Kombination mit Gardinen ist eine variable Steuerung der Lichtintensität möglich. Sie erreichen Abstufungen von fast völliger Abdunklung des Raums bei geschlossenen Vorhängen, sanfteren Lichteinfall durch zugezogene Gardinen, bis zur direkten Lichteinstrahlung bei zurückgezogenen Vorhängen. Stoffvorhänge sind günstig bei sehr großen Fensterflächen, denn das textile Material beruhigt das Chi. Wählen Sie die Farbe des Vorhangstoffes nach der Richtung aus, in der das Fenster liegt.

➤ **Rollos:** Sie haben durch den dünnen Stoff ähnliche Eigenschaften wie Vorhänge. Das leichtere, lichtdurchlässigere Material ist allerdings mehr Yang und eignet sich vor allem, um in kleinen Zimmern oder bei kleinen Fenstern Chi-Stagnation zu vermeiden, ohne auf die Weichheit des Stoffes verzichten zu müssen.

➤ **Jalousien:** Die Fensterdekoration aus beweglichen flachen Leisten läßt viel Licht durch und steuert zudem die Lichtrichtung. Als Material kommt Holz in Frage, das sich dem Chi gegenüber neutral verhält, oder Metall (häufig wird leichtes Aluminium angeboten), das eine beschleunigende Wirkung auf den Energiestrom hat. Im Handel gibt es auch Jalousien aus Plastik, die aber wegen der bereits erwähnten, grundsätzlichen Vorbehalte gegenüber Kunststoff nicht gewählt werden sollten.

➤ **Lamellenvorhänge:** Diese neue Entwicklung auf dem Gebiet der Fensterdekorationen vereint durch das Textilmaterial und die Art der Lichtsteuerung Eigenschaften von Stoffvorhang und Jalousie. Die lange, aufstrebende Form der Lamellen steht im Zusammenhang mit der Holz-Energie, so daß Lamellenvorhänge günstig in Arbeitszimmern und Geschäftsräumen sind.

➤ **Fensterladen:** Diese Art der Fensterdekoration ist eher eine Ausnahme, weil sie an der Außenwand angebracht wird. Fensterläden sind meist aus festem Material wie Holz oder Metall gefertigt und haben eine mehr schützende als dekorative Funktion.

Treppen leiten das Chi durchs Haus

Für die kosmischen Energieströme haben Treppen die gleiche Funktion wie für den Menschen: Sie ermöglichen die Bewegung von einem Stockwerk zum nächsten. Durch das Begehen der Treppen von den Bewohnern des Hauses wird das Chi in den meist schmalen Treppenbereichen beschleunigt. Treppenhäuser können also wie Kanäle wirken, in denen sich das Chi sehr schnell fortbewegt. Dabei vergrößert sich die Fließgeschwindigkeit, je schmaler und steiler die Treppe ist. Das Risiko von Unruhe und mangelnder Konzentrationsfähigkeit sowie fehlenden Chis in anderen Bereichen des Hauses nimmt damit zu. Beides sind unharmonische Zustände, die im Sinne eines guten Feng Shui nach Möglichkeit zu vermeiden beziehungsweise zu verbessern sind.

Wie der Mensch, so gelangt auch das Chi über Treppen von einem Stockwerk in das nächste. Die Beschleunigung des Chi durch eine schmale Treppe kann durch Pflanzen aufgefangen werden.

Der unerwünschte »Kanaleffekt« einer Treppe kommt dann besonders zum Tragen, wenn die Eingangstür eine direkte Linie mit der Treppe bildet. Hier fließt das Chi sofort nach oben in den ersten Stock oder, was vermutlich noch weniger wünschenswert ist, nach unten in den Keller ab. Hier gibt es mehrere Möglichkeiten der Abhilfe: Ein Perlenvorhang hinter der Eingangstür schwächt das Chi so weit ab, daß es regelmäßiger fließt. Allerdings riskieren Sie mit einem geschwächten Chi, daß es nicht alle Teile Ihres Hauses oder Ihrer Wohnung erreicht. Die andere Lösung ist ein Spiegel auf dem ersten Treppenabsatz, der einen Teil des Energiestroms wieder zurücklenkt. Leicht zu realisieren und dennoch wirksam ist das Aufhängen eines Windspiels im Eingangsbereich. Dieses zerstreut die Energie in alle Teile des Gebäudes.

Weitere Tips zu Treppen:

- Treppen liegen idealerweise an einer Außenwand des Hauses. Die günstigsten Richtungen sind Norden, Osten, Südosten, Süden und Südwesten. Eine Treppe in der Mitte des Hauses teilt den Wohnraum nicht nur bildlich - seine Bewohner müssen nach traditionellen Feng Shui-Theorien mit Konflikten untereinander und Trennung rechnen. Natürliches Meersalz oder buschig wachsende Pflanzen mildern die Wirkung einer derart ungünstig liegenden Treppe.

- Eine Treppe muß so beleuchtet sein, daß keine irritierenden Schatten entstehen. Das Licht ist dann optimal, wenn die waagerechten Flächen hell und die senkrechten Flächen dunkler erscheinen.

- Bilder an den Wänden eines Treppenhauses üben eine Wirkung auf die Gleichmäßigkeit des Chi-Flusses aus. Unter Umständen läßt sich unter den Bildern eine Hierarchie herstellen. Hängen Sie im unteren Bereich Bilder auf, die weniger beeindruckend sind und weiter oben entsprechend auffällige oder wertvolle Bilder.

- Wendeltreppen haben einen sehr instabilen Energiestrom. Dies läßt sich mit einer Lampe am oberen Ende der Treppe und einer hohen Grünpflanze am Fuß der Treppe verbessern.

DIE RÄUME DES HAUSES

Die Gestaltung Ihres Zuhauses nach Feng Shui-Kriterien setzt eine Analyse der Raumaufteilung in Ihrem Haus oder Ihrer Wohnung voraus. Mit Hilfe der Prinzipien von Yin und Yang, der Fünf Elemente, Acht Himmelsrichtungen und des Bagua-Diagramms können Sie erkennen, welche Energien in den einzelnen Zimmern vorherrschen. Im folgenden Kapitel finden Sie sowohl Erläuterungen zur optimalen Raumaufteilung und -einrichtung als auch Anregungen, wie Sie weniger günstige Konstellationen durch Farben, Formen, Materialien und Accessoires ausgleichen können.

Die Aufteilung der Wohnbereiche

Versuchen Sie, in Ihrer Wohnung oder Ihrem Haus eine imaginäre Mitte auszumachen. Dies ist der Ort, von dem aus Sie die Orientierung der einzelnen Wohnbereiche vornehmen. Das Chi eines Raums wird geprägt von den Einflüssen, welche die jeweilige Himmelsrichtung auf den Energiestrom ausübt. Das heißt, Sie müssen prüfen, was Sie in welchem Raum Ihrer Wohnung tun möchten und ob Sie manche Aktivitäten unterstützen oder in einigen Lebensbereichen nun kürzer treten wollen. Beginnen Sie mit der Beurteilung durch Yin und Yang. Stellen Sie für sich eine Hierarchie der Räume nach den beiden antagonistischen Prinzipien auf. Vermutlich werden Sie auf der Yin-Seite mit dem Schlafzimmer beginnen und auf der Yang-Seite mit dem Arbeitszimmer aufhören. Da Yin mit dem Norden und Yang mit dem Süden in Verbindung gebracht werden, haben Sie bereits eine grobe Ausrichtung für die Raumaufteilung.

Die Fünf Elemente und die Acht Richtungen wiederum geben Ihnen die Möglichkeit, die Nutzung der Zimmer ganz nach Ihrer persönlichen Lebenssituation und Ihren inneren Bedürfnissen vorzunehmen. Nutzen Sie die Chance, wenn Sie gerade ein neues Haus bauen, und sprechen Sie mit Ihrem Architekten über die Feng Shui-Kriterien der Raumaufteilung. Wenn Sie in ein bereits fertiges Haus einziehen oder in einer Etagenwohnung leben, können Sie versuchen, die vorhandenen Räume anders zu nutzen als vorher, sofern Sie den Wunsch nach einer Änderung in bestimmten Lebensbereichen haben. Es wird immer wieder Fälle geben, wo Sie an bauliche oder finanzielle Grenzen stoßen. Ein Badezimmer etwa, daß in nördlicher Richtung gebaut und damit doppelter Bestrahlung durch das Wasser-Element ausgesetzt ist, können Sie nicht immer einfach verlegen. Wenn Sie aber das Bedürfnis haben, nach einem hektischen Arbeitstag in Ihrem Wohnzimmer völlig abzuschalten, und Ihnen das nicht gelingt, dann schauen Sie sich die Orientierung des Wohnzimmers an. Es weist vielleicht in südliche Richtung und ist mit der Feuer-Energie für die nötige Entspannung völlig ungeeignet. Versuchen Sie, einen Raum im Norden des Hauses als Wohnzimmer zu nutzen. Wenn Sie dafür das Schlafzimmer in den Süden verlegen müssen, aktiviert das möglicherweise Ihr Liebesleben.

Die Bedeutung der Acht Himmelsrichtungen für die Raumaufteilung

Legen Sie ein Kompaßdiagramm mit den Acht Himmelsrichtungen auf den Grundriß Ihrer Wohnung. Die folgende Übersicht nennt Ihnen die wichtigsten Eigenschaften, die auf den jeweiligen Raum einwirken. Sie können der Liste entnehmen, welche Nutzungen grundsätzlich für eine Himmelsrichtung sinnvoll sind, aber letztlich kommt es beim Zuschnitt Ihres Wohnraums darauf an, von welchen Strömungen Sie persönlich profitieren. Daher finden Sie in der Übersicht positive wie negative Eigenschaften. Selbstverständlich gelten die Eigenschaften auch innerhalb eines Raumes. Häufig muß ein Zimmer mehreren Nutzungen gerecht werden. Die Acht Himmelsrichtungen helfen Ihnen dabei, ein Konzept für ein einzelnes Zimmer zu entwickeln.

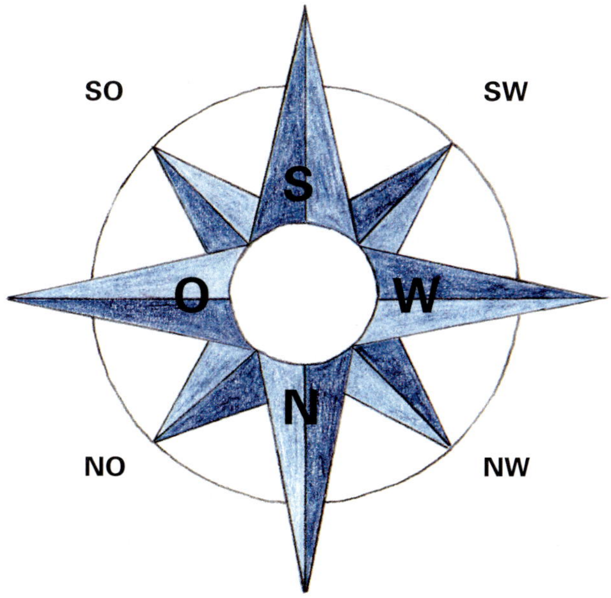

Mit Hilfe des Kompaß-diagramms und der Acht Himmelsrichtungen können Sie wesentliche Eigenschaften für die Räume Ihres Zuhauses ermitteln. Achtung: Beim chinesischen Kompaß sind Norden und Süden, Osten und Westen vertauscht.

➤ Norden Element: Wasser Lebensabschnitt: hohes Alter 	*begünstigt folgende Eigenschaften:* Flexibilität Kreativität Objektivität Ruhe Schlaf Sexualität Spiritualität Unabhängigkeit	*wirkt hilfreich in folgenden Lebenslagen:* Genesung Schlaflosigkeit Streß	*behindert folgende Eigenschaften:* Aktivität Geschäftserfolg Leidenschaftlichkeit Selbstdarstellung	*birgt folgende Risiken:* Einsamkeit Geschäftsrückgang Isolation Motivationslosigkeit Sorgen Stillstand Unsicherheit	*grundsätzlich geeignet für:* Schlafzimmer Speisekammer
➤ Nordosten Element: Erde Lebensabschnitt: mittleres Alter 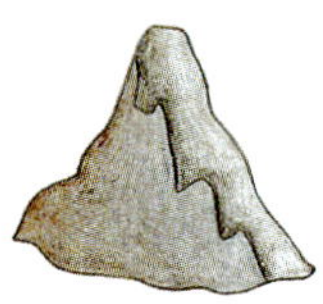	*begünstigt folgende Eigenschaften:* Arbeitsmarkt Durchsetzungs- vermögen Familiengefühl Fortschritt Fürsorglichkeit Lebensorientierung Motivation Mütterlichkeit Sicherheit Sorgfalt Stabilität	*wirkt hilfreich in folgenden Lebenslagen:* Familiengründung Familienkonflikte Überreizung	*behindert folgende Eigenschaften:* Auffassungsgabe Berufsaussichten Ehrgeiz Dynamik Spontaneität	*birgt folgende Risiken:* Gier Hast Langeweile Langsamkeit Nervosität Schlaflosigkeit Selbstsucht Routine	*grundsätzlich geeignet für:* Kinderzimmer Speisekammer
➤ Osten Element: Holz Lebensabschnitt: jüngeres Erwachsenenalter 	*begünstigt folgende Eigenschaften:* Aktivität Aufmerksamkeit Ehrgeiz Karrierechancen Konzentrations- fähigkeit Optimismus Selbstvertrauen Tatkraft Umtriebigkeit	*wirkt hilfreich in folgenden Lebenslagen:* Berufsstart Lethargie Selbstzweifel Motivations- mangel Neubeginn	*behindert folgende Eigenschaften:* Entspannung Geduld Sicherheit Stabilität Zärtlichkeit Zufriedenheit	*birgt Risiko für folgende Eigenschaften:* Erschöpfung Rücksichtslosigkeit Überaktivität Übersichtsverlust Ungeduld Verspannung	*grundsätzlich geeignet für:* Arbeitszimmer Badezimmer Kinderzimmer Küche

➤ Südosten Element: Holz Lebensabschnitt: Jugend 	*begünstigt folgende Eigenschaften:* Aktivität Berufsstart Ehrgeiz Fortschritt Initiativkraft Karrierechancen Kommunikations-fähigkeit Konzentrations-fähigkeit Kreativität Umtriebigkeit	*wirkt hilfreich in folgenden Lebenslagen:* Berufsstart Lethargie Motivations-mangel Neubeginn Selbstzweifel	*behindert folgende Eigenschaften:* Entspannung Sicherheit Stabilität Zärtlichkeit Zufriedenheit	*birgt Gefahr folgender Entwicklung:* Hartnäckigkeit Selbstgerechtigkeit Überaktivität Überarbeitung Verspannung	*grundsätzlich geeignet für:* Arbeitszimmer Badezimmer Eßzimmer Küche Schlafzimmer Wohnzimmer
➤ Süden Element: Feuer Lebensabschnitt: junger Erwachsener 	*begünstigt folgende Eigenschaften:* Anerkennung Anregung Ausdrucksfähigkeit Berühmtheit Geselligkeit Leidenschaft Phantasie Spontaneität	*wirkt hilfreich in folgenden Lebenslagen:* Isolation Kontaktscheu Lebensangst Phantasielosigkeit Schüchternheit	*behindert folgende Eigenschaften:* Aufmerksamkeit Entspannung Konzentration Objektivität Stabilität	*birgt Gefahr folgender Entwicklung:* Labilität Streit Streß Trennung Überspanntheit	*grundsätzlich geeignet für:* Arbeitszimmer Wohnzimmer
➤ Südwesten Element: Erde Lebensabschnitt: mittleres Alter 	*begünstigt folgende Eigenschaften:* Familiensinn Fortschritt Freundschaft Fürsorglichkeit Mütterlichkeit Sicherheit Sorgfalt Stabilität	*wirkt hilfreich in folgenden Lebenslagen:* Familiengründung Familienkonflikte Überreiztheit	*behindert folgende Eigenschaften:* Auffassungsgabe Ehrgeiz Spontaneität Karrierechancen	*birgt Gefahr folgender Entwicklungen:* Abhängigkeit Ängstlichkeit Geiz Stagnation	*grundsätzlich geeignet für:* Wohnzimmer

➤ Westen Element: Metall Lebensabschnitt: nach der Lebensmitte 	*begünstigt folgende Eigenschaften:* Finanzkompetenz Führungsqualität Lebenslust Organisations-talent Weitsicht Zärtlichkeit Zufriedenheit	*wirkt hilfreich bei folgenden Lebenslagen:* Konzeptions-losigkeit Organisations-mangel Undiszipliniertheit	*behindert folgende Eigenschaften:* Aktivität Ausdrucksfähigkeit Dynamik Emotionalität Neubeginn	*birgt Gefahr folgender Entwicklungen:* Geldverlust Introvertiertheit Motivationsarmut Ungeselligkeit Vergnügungssucht	*grundsätzlich geeignet für:* Eßzimmer Schlafzimmer Wohnzimmer
➤ Nordwesten Element: Metall Lebensabschnitt: nach der Lebensmitte 	*begünstigt folgende Eigenschaften:* Autorität Finanzkompetenz Führungsqualität Organisationstalent Verantwortungs-bewußtsein Weisheit Weitsicht	*wirkt hilfreich bei folgenden Lebenslagen:* Konzeptions-losigkeit Koordinations-mangel Undiszipliniertheit	*behindert folgende Eigenschaften:* Ausdrucksfähigkeit Dynamik Emotionalität Neubeginn	*birgt Gefahr folgender Entwicklungen:* Arroganz Introvertiertheit Selbstgerechtigkeit Ungeselligkeit	*grundsätzlich geeignet für:* Arbeitszimmer Eßzimmer Schlafzimmer

Das Bagua-Diagramm und die Raumaufteilung

Eine gute Übersicht über die Aufteilung Ihres Wohnraums bieten auch die neun Felder des Bagua-Diagramms. Dieses hilft Ihnen vor allem in Häusern und Wohnungen mit unregelmäßigen Grundrissen. Dabei entstehen sogenannte »Fehlbereiche«, da die Bebauung eines L-förmig zugeschnittenen Gebäudes eines oder mehrere Felder des Baguas nicht umschließen kann. Falls zu dem Grundstück ein Garten gehört, können Sie den Fehlbereich außerhalb des Hauses ausgleichen, indem Sie die fehlende »Ecke« durch eine hohe Pflanze, einen Busch oder eine Lampe markieren und dadurch ersetzen. Wenn Sie in einer Etagenwohnung leben, können Sie auch durch Kristalle in den Fenstern oder Spiegel an geschlossenen Wänden diesen Bereich öffnen und so den Grundriß »vervollständigen«. Da es keinen Zuschnitt gibt, der mit den Feldern

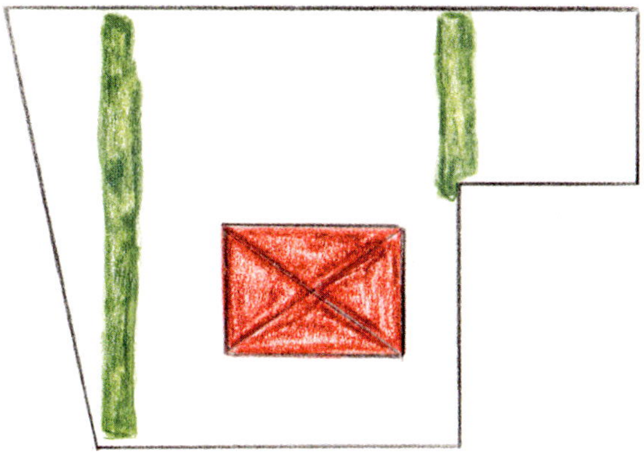

Eine unregelmäßge oder L-Form Ihres Grundstücks wirkt sich ungünstig auf einen harmonischen Energiefluß aus und kann durch das Bagua-Diagramm nicht abgedeckt werden. Sie können die Form durch Bepflanzung regulieren.

des Bagua identisch ist, werden Sie feststellen, daß bestimmte Lebensziele in verschiedenen Räumlichkeiten wirksam sind. In Kombination des Baguas mit den Acht-Richtungen-Koordinaten werden Sie aber für jeden Lebensbereich und für jeden Wohnungstyp eine befriedigende Lösung finden.

Die Küche

Der Raum, in dem das Essen für die Familie zubereitet wird, ist der sensibelste Bereich in Ihrem Heim. Im alten China widmete der Bauherr der Küche bei Ausrichtung und Konzeption des Hauses die größte Aufmerksamkeit. Mit aufwendigen Ritualen wurden zuerst die optimale Lage des Raumes erforscht und später die hinzugefügten Einrichtungsgegenstände sorgfältig ausgewählt. Sogar ein kleiner Altar durfte in einer nach altchinesischer Weisheit eingerichteten Küche nicht fehlen, auf dem man sowohl dem Küchengott als auch dem Erdgott huldigte. Der Küchengott wachte darüber, daß die verarbeiteten Nahrungsmittel der Familie die nötigen Nährstoffe spendeten. Außerdem bewahrt ein günstig gestimmter Küchengott die Menschen, die in diesem Raum das Essen zubereiten, vor Verletzungen, die offenes Feuer, heiße Gerätschaften und Flüssigkeiten sowie scharfe Schneidegeräte verursachen können. Der Erdgott wiederum ist Herrscher über die Kochstelle, die im alten China meist aus Lehm oder aus Ziegeln errichtet war. Diese Materialien ordnen den Herd der Erde zu.

Auch heute sollten Sie, wenn Sie sich nach den Feng Shui-Regeln einrichten, mit besonderer Sorgfalt an Planung und Ausstattung der Küche herangehen. Im Sinne eines guten Feng Shui ist die Küche der Raum des Hauses, in dem zwei starke, aber miteinander im Konflikt stehende Energien zum Wohle der Bewohner harmonisiert werden müssen: Das Feuer des Herdes, auf dem die Nahrungsmittel zu Speisen zubereitet werden, und das Wasser des Spülbeckens, das für die notwendige Sauberkeit des Ortes gebraucht wird.

Ernährung für Gesundheit und Wohlbefinden

Liebe geht durch den Magen

Die Chinesen haben bis heute ihr jahrtausendealtes Wissen über den Zusammenhang von Ernährung und Gesundheit bewahrt. Der Medizinbegriff ist viel weiter gefaßt als in der westlichen Welt und bezieht auch Art und Zubereitung der täglichen Nahrung mit ein. Zudem festigt verantwortungsbewußtes Kochen die Beziehungen der Hausbewohner untereinander. Das deutsche Sprichwort »Liebe geht durch den Magen« interpretiert die fernöstliche Weisheit auf seine Weise. Doch nur wenn man sich in der Küche wohlfühlt, kann man auch gesunde Mahlzeiten herstellen. Oberflächlich betrachtet hat die Küche jedoch im Alltag der modernen westlichen Welt ihre zentrale Bedeutung verloren. Die Familienmitglieder sind den Tag über und oft auch am Abend mit ihren beruflichen Tätigkeiten und Freizeitaktivitäten beschäftigt und nehmen das Essen zu unterschiedlichen Zeiten zu sich. Die Lebensmittelindustrie reagiert darauf mit Fertiggerichten, die nur noch im Topf oder dem Mikrowellenherd erhitzt werden müssen. Dennoch ist die Küche auch heute kein Anhängsel einer Wohnung. Wenn Sie den Ort der Essenszubereitung liebevoll einrichten und dabei einige Regeln beachten, kann die Küche auch positive, integrierende Wirkung auf ihr gesamtes Familienleben haben, die, den Wohnküchen alter Bauernhäuser ähnlich, die Küche zum behaglichen Treffpunkt der Familienmitglieder, Nachbarn und Freunde macht.

Östliche Richtungen begünstigen das Kochen

Wenn Sie das Glück haben, die Ausrichtung Ihrer Küche zu beeinflussen, gibt es eigentlich nur zwei Möglichkeiten. Für ein gutes Ergebnis kommen wegen des heiklen Zusammenwirkens von Wasser und Feuer nur der Südosten oder der Osten infrage. Diese Richtungen machen die Küche zudem zum idealen Platz für das Frühstück, denn hier bekommen Sie für die erste Mahlzeit des Tages auch das erste Sonnenlicht ab. Es sorgt auch für eine frühzeitige energetische Aufladung, die sich auf die vormittäglichen Tätigkeiten in der Küche vorteilhaft auswirkt. Der Norden wird mit Wasser assoziiert, was das Feuer Ihres Herdes

»löschen« würde und zu Geldverlust und gesundheitlichen Problemen führen kann. Eine Plazierung im Süden verdoppelt die Feuerauswirkung, erhöht das Risiko unausgewogener Ernährung und kann Brandgefahr bedeuten.

Die Kochstelle und ihre Feinde

Auf den ersten Blick scheinen die »Arbeitszeilen«, wie sie häufig in den kompakten Zuschnitten moderner Wohnungen zu finden sind, praktischen Ansprüchen zu genügen: Kurze Wege, alles liegt dicht beieinander. Nach den Prinzipien des Feng Shui ist jedoch genau das ein zentrales Problem: Wie oben bereits erwähnt, vertragen sich das Feuer des Herdes und das fließende Wasser des Spülbeckens nicht. Das gleiche gilt sinngemäß für Haushaltsgeräte, die mit Wasser zu tun haben wie die Spülmaschine, die Waschmaschine oder der Kühlschrank. Optimal ist eine Anordnung an gegenüberliegenden Wänden. Vermeiden Sie es aber, Herd und Spüle direkt gegenüber aufzustellen, denn damit wäre für die Harmonisierung der Gegensätze nichts gewonnen. Eine solche Anordnung der zentralen Elemente einer Küche läßt sich aber in den meisten Fällen nicht realisieren, da Zuleitungen für Heizenergie und Wasser zusammengefaßt sind. Der Wasser-Feuer-Konflikt kann in einer »Arbeitszeile« entschärft werden, indem man zwischen Herd und Spüle eine mindestens eineinhalb Meter breite Arbeitsfläche schafft. Wenn auch dies nicht möglich ist, hilft nur noch die Hinzufügung eines Holz-Elements. Mit einer hölzernen Trennwand oder einer Dekoration aus Holz, beispielsweise einer Schale oder einem Salatbesteck, die Sie zwischen die »Widersacher« hängen, lassen sich die Folgen der ungünstigen Konstellation zumindest abschwächen.

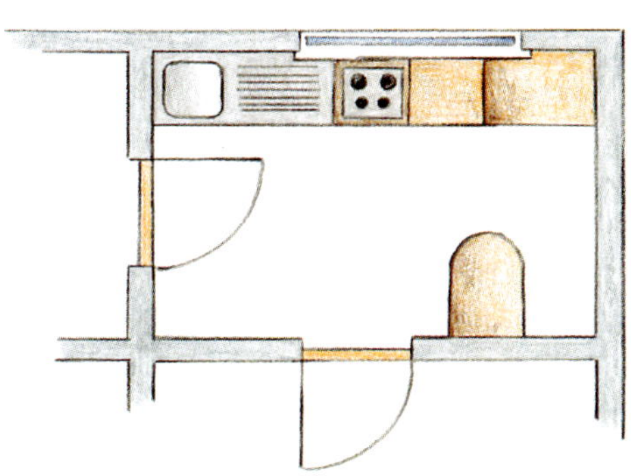

vorher

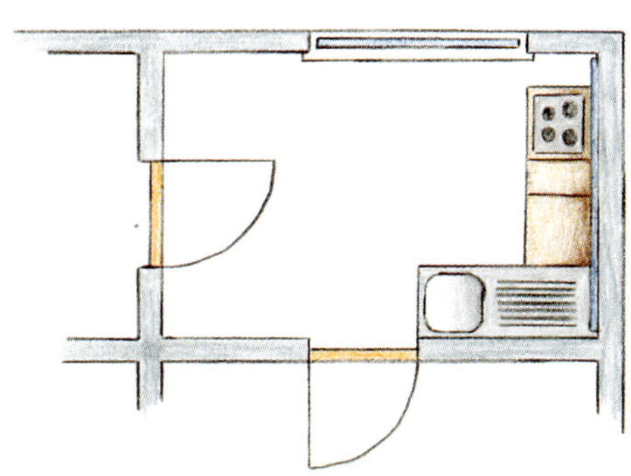

nachher

In der Küche prallen die gegensätzlichen Energien von Feuer und Wasser aufeinander. Herd und Spüle sollten möglichst weit auseinanderliegen oder durch ein Holz-Element getrennt sein, damit sich die Energien nicht gegenseitig blockieren.

Gelb- und helle Brauntöne eignen sich gut für jede Küche. Sie neutralisieren ebenso wie Holz den Feuer-Wasser-Konflikt und betonen das Erde-Element.

Achten Sie darauf, daß Sie beim Kochen nicht in der Türlinie und nicht mit dem Rücken zur Tür stehen. Im ersten Falle hat der ungehemmt durch die Tür auf den Herd einströmende Chi-Fluß ungünstige Auswirkungen auf die Qualität der Mahlzeiten, im zweiten Fall entsteht, dies gilt auch für jeden anderen Raum, instinktiv ein Gefühl der Schutzlosigkeit. Einem Koch, der, und sei es unbewußt, Angst und Nervosität empfindet, gelingt das Essen unter Umständen nicht. In diesem Fall schaffen ein Windspiel im Eingang oder ein Spiegel über dem Herd Abhilfe. Ein Spiegel sollte jedoch das einzige sein, was über dem Herd angebracht ist. Ein über der Feuerstelle verlaufender Deckenbalken führt zu gegenläufigen Energieströmen. Den gleichen schlechten Einfluß haben Regalbretter, auf denen Sie vielleicht Ihre Rezeptsammlung aufbewahren, große Gewürzborde oder auch die beliebte elektrische Dunstabzugshaube, die das Feng Shui darüberhinaus durch Lärm und elektromagnetische Schwingungen verschlechtert. Für große Küchen oder Küchenräume in Einfamilienhäusern bieten die meisten Hersteller inzwischen Herde und Öfen an, die in der Mitte des Raumes installiert werden können. Dies ist die ideale Lösung der Standortfrage, denn Sie haben bei der Küchenarbeit den Raum weitestgehend im Blick und die Situation fördert, wenn sich noch andere Familienmitglieder oder Gäste in Ihrer Küche aufhalten, die Kommunikation miteinander.

Die Blickrichtungen beim Kochen

➤ **Südosten:** Wenn Sie in dieser Richtung vor Ihrem Herd stehen, haben Sie den idealen Platz gefunden. Der Südosten macht ideenreich, er unterstützt aber auch den organisatorischen Ablauf und fördert die Freude an der Zubereitung von Gerichten.

➤ **Osten:** Mit dem Blick in Richtung Osten haben Sie ebenfalls eine gute Position, denn die östliche Chi-Energie fördert aktives Handeln und praxisorientiertes Denken.

➤ **Nordosten:** Für alle, die anfällig für Streß und Hektik sind, ist dies eine denkbar ungünstige Richtung, denn schon der allerkleinste Patzer bei der Zubereitung könnte dazu führen, daß der Koch die Übersicht verliert und das Essen verdirbt.

➤ **Norden:** Diese Blickrichtung sollten Sie beim Kochen vermeiden, denn zwischen dem winterlich ruhenden Chi-Strom aus nördlicher Richtung und der für das Kochen erforderlichen feuerbesetzten Aktivität läßt sich keine Harmonie herstellen.

➤ **Nordwesten:** Der Blick in diese Richtung bremst ebenfalls die in der Küche nötige Schnelligkeit. Doch die nordwestliche Energie kann für aufwendige Rezepturen und komplexe Kochprozesse die erforderliche Geduld und Konzentration verleihen.

Auf einen Mikrowellenherd verzichten

➤ **Südwesten und Süden:** Die Feuerorientierung dieser beiden Himmelsrichtungen ist günstig für exquisite, aber schnell zubereitete Mahlzeiten. Ein längerer Aufenthalt am Herd kann hier leicht zur Qual werden.

Das Beste ist die offene Flamme

Bedeutend für ein gutes Feng Shui in der Küche ist auch die Art der Energie, mit der Ihr Herd die Hitze erzeugt. Ein natürliches, offenes Feuer ist immer noch das beste, allerdings sind mit Holz oder Kohle befeuerte Öfen heute kaum noch erhältlich und entsprechen in ihrer Handhabung auch nicht mehr dem Standard, der in den westlichen Industrienationen üblich geworden ist. Energetisch gesehen ist ein Gasherd die beste Empfehlung für die Küche. Von den zum Standard gewordenen Elektroherden ist abzuraten. Sie geben eine Form von Energie ab, die nicht nur das Chi der Umgebung verändert, sondern auch das der Nahrungsmittel beeinflußt. Auf einen Mikrowellenherd sollten Sie im Sinne eines guten Feng Shui am besten ganz verzichten.

Tips rund um den Kochplatz

- Alle Arbeitsflächen in der Küche sowie Herd und Spüle sollten hell und gleichmäßig ausgeleuchtet sein. Dies gilt vor allem für die Räume unterhalb von Hängeschrankzeilen, die oft zu wenig Tageslicht erhalten. Unbeleuchtete Ecken erhöhen das Risiko eines ungesunden Chi-Staus.

- Weiß, Gelb und Erdtöne sind für jede Küche gut geeignete Farben. Mit Grün bewahren Sie die Holz-Energie im Osten und Südosten. Blau ist wegen seiner Nähe zu Wasser für den Einsatz in der Küche eher ungeeignet.

- Alle Oberflächen der Küche sollten glatt sein und glänzen. Sie sind zum einen leicht sauber zu halten, zum anderen erleichtern sie den Chi-Fluß.

- Holz ist wegen seines positiven Einflusses auf das Chi ein grundsätzlich vorteilhaftes Material. In der Küche mildert es etwa als Tischplatte oder Anrichte den hier herrschenden scharfen Wasser-Feuer-Konflikt.

- Entscheiden Sie, ob Sie in Ihrer Küche mehr Yin oder mehr Yang haben wollen. Oberflächen aus Edelmetall - etwa von Spülen, Anrichten, Töpfen und Bestecken - beschleunigen das Chi, Kork und Holz, gut geeignet für den Einsatz als Bodenbelag, haben eine verlangsamende Wirkung.

- Lassen Sie so wenig wie möglich herumstehen. Sorgen Sie für ausreichenden Stauraum in Ihrer Küche, so daß alle Kochutensilien untergebracht sind und nichts den freien Fluß des Chi beeinträchtigen kann.

- Positive Wirkung auf das Chi können gesunde Pflanzen und bewußt für dekorative Zwecke aufgestellte Schalen mit frischem Obst und Gemüse haben.

Das Schlafzimmer

Ein Mensch, der täglich acht Stunden schläft, liegt mindestens ein Drittel seines Lebens im Bett. Darüber hinaus verbringt er auch Teile seiner Wachzeit in diesem Raum. Das Schlafzimmer ist somit der Ort, in dem man den größten Teil seiner Lebenszeit verbringt. Der Schlaf dient der geistigen und körperlichen Regeneration. Die Nachtruhe ist eine wichtige Voraussetzung für ein aktives Leben. In kleinen Wohnungen ist das Schlafzimmer häufig der einzige Raum, in den sich einzelne Familienmitglieder zurückziehen können, wenn sie einmal allein sein wollen. All dies macht das Schlafzimmer zum wichtigsten Raum einer Wohnung mit besonders hohen Anforderungen an die Qualität des Energieflusses.

Grundsätzlich gilt: Das Schlafzimmer ist der Raum, der am stärksten von Yin geprägt ist, denn Schlaf ist ein Zustand der Passivität. Dementsprechend sollte das Zimmer möglichst weit von den Aktivitätsbereichen entfernt liegen. Der Haupteingang, das Arbeitszimmer oder die Werkstatt sind daher denkbar schlechte Nachbarn für ein Schlafzimmer.

Darauf sollten Sie achten

Das Schlafzimmer sollte nicht im Yang-Bereich des Hauses liegen, und die Himmelsrichtung spielt bei der Wahl des geeigneten Raumes eine übergeordnete Rolle. Wenn man beide Punkte berücksichtigt, schafft man günstige Voraussetzungen für einen erholsamen Schlaf.

Günstige Richtungen

Die Himmelsrichtung, in der das Zimmer liegt, ist von großer Bedeutung. Es gibt einige Richtungen - immer von der Mitte der Wohnung oder der jeweiligen Etage Ihres Hauses aus gesehen - deren dominierende Energien prinzipiell ungeeignet sind für einen Schlafraum. Doch auch die geeigneten Richtungen sind nicht jedem Menschen gleichermaßen zu empfehlen. Die Wahl der günstigsten Ausrichtung eines Schlafzimmers hängt von Ihrer individuellen Lebenssituation ab - Ihrem Alter und Ihren Lebensplänen.

Der Norden: Das Chi dieser Richtung ist ruhig und sanft. Das ist ideal für Menschen, die unter Schlafstörungen leiden. Das sanfte Chi fördert die Selbstreflexion, die Besinnung auf die geistigen Werte des Lebens. Deswegen besteht hier ein günstiges Feng Shui für Menschen, die schon älter sind oder sich intensiv mit spirituellen Aspekten des Daseins beschäftigen. Für junge, aufstrebende Menschen, die am Aufbau ihrer Zukunft arbeiten, ist der Norden eine ungeeignete Richtung, denn die ruhige Energie könnte sie in ihrer Dynamik hemmen. Sollte die Wohnsituation keine andere Möglichkeit bieten, schaffen Abhilfe: Rottöne sowie Formen und Muster, die spitz, gezackt, sternförmig oder dreieckig sind.

Der Nordwesten: Die ideale Richtung für ein Elternschlafzimmer, denn die Energie des Nordwestens fördert das Verantwortungsgefühl und die Ernsthaftigkeit. Jüngeren Paaren ist diese Richtung nicht zu empfehlen, denn das Chi des Nordwestens ist für junge Menschen zu schwer und belastend. Läßt sich die Richtung nicht vermeiden, so schaffen auch hier Feuer-Elemente Ausgleich, so etwa ein Kerzenleuchter mit vielen Zacken und roten Kerzen.

Das Bett sollte mit dem Kopfende immer vor einer Wand, nie vor einem Fenster stehen. Nur so sind Sie im Schlaf »geschützt« und können sich regenerieren.

Osten und Südosten: Ein Schlafzimmer in diesen Richtungen ist ideal für jüngere Bewohner. Die aufstrebende Holz-Energie des Ostens und des Südostens steht für Aufbruch, Wachstum und Aktivität, sie ist anregend und lebhaft - also günstig für Menschen, die sich ihr Leben noch aufbauen wollen. Allerdings besteht das Risiko, daß das Chi anregender wirkt, als es in einem Schlafraum gut ist. Wenn der Schlaf beeinträchtigt wird, können Yin-Elemente, z. B. Pastelltöne oder stark gedämpfte Farben und unregelmäßige Muster, die Atmosphäre beruhigen.

Der Westen: Diese Himmelsrichtung ist ideal für ein Schlafzimmer. Im Westen geht die Sonne unter, und die hier herrschende Energie hilft, sich vom Tag zu verabschieden. Am stärksten ist das Chi des Westens zur Zeit des Sonnenuntergangs und im Herbst wirksam. Es steht in Zusammenhang mit Nachdenklichkeit und finanziellem Erfolg. Zudem fördert die westliche Richtung zärtliche Empfindungen und ein Gefühl der Zufriedenheit. Diese Himmelsrichtung ist deshalb auch für ein Elternschlafzimmer geeignet - oder für junge Paare, die noch Eltern werden wollen. Der Energie aus westlicher Richtung wird außerdem ein spielerisches Element zugeschrieben, so daß Sie nach einer erholsamen Nacht auch gerne wieder aufstehen, um den neuen Tag in Angriff zu nehmen.

Immer mit dem Kopf an der Wand schlafen

Das zentrale Möbelstück des Schlafzimmers ist das Bett. Die wichtigste Regel ist, das Kopfende direkt an eine durchgehende Wand zu rücken. Damit sind Sie während des Schlafes »geschützt« und können, sobald Sie die Augen aufmachen, den Raum überblicken. Achten Sie darauf, daß Sie dabei auch die Tür im Auge haben. Sowohl der Eingang als auch das oder die Fenster sollten vom Bett soweit wie möglich entfernt sein. Auf diese Weise schafft man eine Art Höhle, womit ein Bedürfnis befriedigt ist, das im menschlichen Verhalten immer noch tief verankert ist. Man empfindet so die die größtmögliche Sicherheit und kontrolliert zugleich den Raum.

Wenn Sie Ihr Bett zwischen Tür und Fenster aufstellen, müssen Sie damit rechnen, daß Sie unruhig schlafen und sich morgens wie zerschlagen fühlen. Hier schlafen Sie mitten im Chi-Fluß. Sollte es in Ihrem Schlafzimmer keine andere Möglichkeit geben, können Sie mit einem Raumteiler, den Sie zwischen Tür und Bett stellen, Abhilfe schaffen. Die Energie wird dadurch »umgeleitet« und strömt um das Bett herum. In manchen Räumen steht das Bett schräg in einer Ecke. Dies mag zwar optisch originell aussehen, doch der jetzt ungenutzte, dreieckige Raum hinter dem Kopfende verursacht ein außerordentlich schlechtes Feng Shui. Das Chi wird bei dieser Lösung in die Ecke gedrängt und führt beim Zurückfließen einen regelrechten »Angriff« auf den Schlafenden aus. Die Folgen sind Nervosität und Unausgeglichenheit.

Der Mensch liegt ein Drittel seines Lebens im Bett

Die Acht Himmelsrichtungen und das Bett

Die Energien der Acht Himmelsrichtungen wirken sich auch während des Schlafes aus. Zu Beginn dieses Kapitels wurde die Lage des Schlafzimmers innerhalb der Wohnung behandelt, doch auch die Ausrichtung des Bettes hat eine Bedeutung für die Qualität Ihres Schlafes. Die Richtungsangaben beziehen sich auf eine Achse, die durch die Mitte Ihres Hauses oder Ihrer Wohnung verläuft und auf das Kopfende des Bettes.

➤ **Süden:** Das südliche Chi ist in Bezug auf das Bett eine sehr ambivalente Energie. Zum einen fördert sein vom Feuer geprägter Charakter Leidenschaftlichkeit, was sich günstig auf sexuelle Beziehungen auswirkt. Andererseits führt die gleiche Eigenschaft zu unruhigem Schlaf und beinhaltet ein hohes Risiko für Auseinandersetzungen.

➤ **Südwesten:** Ein Bett in dieser Ausrichtung wird von Energien bestimmt, die Freundschaft und Mutterschaft begünstigen. Eine ideales Chi also für Paare mit Kinderwunsch. Die Leidenschaft des Südens ist hier einer größeren Gelassenheit gewichen, die allerdings auch Labilität fördern kann.

➤ **Westen:** Die Energieströme dieser Richtung sind ebenfalls günstig für Paare. Hier werden zärtliche Gefühle, Vergnügen und spielerischer Umgang miteinander gefördert. Der gleiche Aspekt, der Zufriedenheit hervorbringt, kann allerdings auch zu Antriebsarmut führen.

➤ **Nordwesten:** Das nordwestliche Chi wird mit Autorität und Führungsanspruch in Zusammenhang gebracht. Daher fördert es einen ruhigen, festen Schlaf und ist vor allem älteren Menschen zu empfehlen.

➤ **Norden:** Die eher stillen und kontemplativen Einflüsse des Nordens sind nur Menschen anzuraten, die unter starken Schlafstörungen leiden. Wer allerdings einen normalen, gesunden Schlaf hat, verliert bei dieser Schlafrichtung Antrieb und Lebensschwung.

➤ **Nordosten:** Von dieser Schlafrichtung ist im allgemeinen abzuraten. Wer nicht völlig lethargisch ist, wird unter den nordöstlichen Einflüssen von Alpträumen verfolgt und an Nervosität leiden.

➤ **Osten:** Die Richtung der aufgehenden Sonne wird auch mit Jugend in Verbindung gebracht. Die hier wirkenden Energien verbreiten Aufbruchstimmung

Ein Schlafzimmer im Osten oder Südosten ist ideal für jüngere Menschen. Ein zu anregendes Chi läßt sich durch Pastelltöne, gedämpfte Farben und unregelmäßige Muster beruhigen.

und regen zu geschäftlicher Aktivität an. Der Osten ist der richtige Kraftspender für Menschen, die am Anfang Ihrer Karriere stehen oder sich gerade ein eigenes Geschäft aufbauen wollen. Allerdings fördert er auch Überaktivität, die zu rascher Erschöpfung führt. In diesem Falle sollten Sie eine andere Ausrichtung wählen.

➤ **Südosten:** Die positiven, zur Aktivität anregenden Energien aus Südosten sind harmonischer als die des Ostens und fördern Kreativität und zwischenmenschliche Beziehungen.

Die häufigsten Störfaktoren im Schlafzimmer

Die hochsensible Atmosphäre des Schlafraums kann leicht irritiert werden. Mit etwas Aufmerksamkeit auch für kleinere Dinge lassen sich Störfaktoren vermeiden oder leicht entfernen.

- Spiegel sind im Schlafzimmer zum Ankleiden und Frisieren praktisch, reflektieren und beschleunigen aber das Chi. Schlechtes Feng Shui entsteht dann, wenn der Spiegel das Bett und die darin Schlafenden reflektiert.
- Materialien mit glatten, glänzenden Oberflächen wie Glas, Stahl oder Marmor wirken sich durch ihre Yang-Eigenschaften ähnlich ungünstig aus wie Spiegel.
- Elektrogeräte haben elektromagnetische Felder und sind deshalb schädlich für ein gutes Feng Shui. Ersetzen Sie Ihren Elektrowecker durch einen altbewährten Wecker mit Uhrwerk zum Aufziehen, verschließen Sie den Fernsehapparat während des Schlafens im Schrank und benutzen Sie die Heizdecke nur zum Vorwärmen.
- Freiliegende Balken an der Decke stören den Energiefluß und beeinträchtigen damit das Wohlbefinden massiv. Hängen Sie die Decke ab, in dem Sie die Balken mit Stoff oder anderem Material unsichtbar machen.
- Ein Badezimmer, das direkt an den Schlafraum anschließt, läßt das Chi stagnieren.
- Scharfe Kanten an Möbelstücken können Schneidendes Chi verursachen. Prüfen Sie, ob die Ecken Ihrer Einrichtungsgegenstände im Schlafzimmer abgerundet oder zumindest nicht auf das Bett gerichtet sind.

Das Wohnzimmer

Kein anderer Raum der Wohnung wird so intensiv und so vielfältig genutzt wie das Wohnzimmer. Es ist nach dem Korridor der erste Raum, den man betritt, wenn man von der Arbeit oder einer Freizeitaktivität nach Hause kommt. Es ist der Raum, in dem die Familie zusammenkommt und in dem Gäste empfangen werden. Kinder brauchen Platz zum Spielen, und die Erwachsenen verbringen hier ihre Zeit mit Gesprächen, Lesen, Musik hören oder Fernsehen. In diesem Raum soll sich eine einzelne Person ebenso wohlfühlen können wie eine Partygesellschaft. Das Wohnzimmer muß also Behaglichkeit und Funktionalität vereinen. Trotzdem darf es nicht unüberlegt mit Möbeln und Geräten vollgestellt sein, denn gerade in einem Raum, der von so vielen verschiedenen Menschen auf so unterschiedliche Weise genutzt wird, muß der freie Energiefluß sichergestellt sein.

Grundsätzlich gilt für ein Zimmer, das zu allen Tageszeiten von den Bewohnern und ihren Gästen genutzt wird, daß es möglichst lange Tageslicht haben sollte. Die Energie der Sonne setzt auch den Energiefluß innerhalb des Zimmers in Bewegung.

Günstige Richtungen

Der Süden: Aus dem oben genannten Grund ist der Süden Ihrer Wohnung oder Ihres Hauses die optimale Richtung für ein Wohnzimmer. Zudem steht

vorher **nachher**

Im Wohnzimmer sollten Sie darauf achten, daß das Sofa vor einer fensterlosen Wand und keinesfalls in der Türlinie steht. Sie sollten es mit einem zweiten Sofa oder kleineren Sitzgelegenheiten kombinieren.

das Chi des Südens für positive Aspekte, die die besondere Stellung des Wohnzimmers betreffen: Intelligenz und sozialer Rang, Leidenschaft und Geselligkeit, Schönheit und Erfolg. Ältere Familienmitglieder finden hier die Voraussetzungen für einen Raum, in dem sie ihren gesellschaftlichen Status dokumentieren und mit Gästen harmonisch beisammen sein können.

Der Südosten: Ebenso günstig wie der Süden ist eine südöstliche Ausrichtung des Wohnzimmers. Für jüngere Familien ist diese Orientierung möglicherweise noch vorteilhafter, denn sie hat eine aktivere Komponente als die südliche Chi-Energie. Der Energiestrom aus Südost verbindet Geschäftigkeit mit Herzensgüte, harmonischen Fortschritt mit Reife und fördert zudem längerfristige zwischenmenschliche Beziehungen.

Der Süden ist die optimale Richtung für ein Wohnzimmer

Der Westen: Diese Richtung steht für materiellen Erfolg und Gefühle der Zufriedenheit, aber auch für Zärtlichkeit, Vergnügungen und Spaß. Ein Wohnzimmer im Westen Ihrer Wohnung ist ein angenehmer Ort, an dem sich die ganze Familie ebenso wohlfühlt wie Ihre Gäste. Wenn Sie Ihr Wohnzimmer häufig nachmittags und abends benutzen, können Sie darüber hinaus noch das letzte Licht des Tages genießen.

Die Form des Raumes

Nicht nur die geographische Ausrichtung, sondern auch die Gestalt des Raumes haben Auswirkungen auf den Energiefluß. Das Chi soll sanft durch den Raum schwingen können. Ungünstig sind daher Zimmer, die übereck gehen oder sehr lang und sehr schmal sind. Mit Hilfe von Spiegeln und Raumteilern können Sie jedoch Mängel dieser Art ohne großen Aufwand und doch effektiv ausgleichen. Spiegel können auch in sehr kleinen Wohnzimmern zum Einsatz kommen und den Raum optisch vergrößern. Mit Raumteilern kann man ein sehr großes Zimmer hingegen in überschaubarere Einheiten strukturieren. Eine ideale Größe hat ein Wohnzimmer, wenn es etwa doppelt so groß ist wie die übrigen Räume der Wohnung.

Türen und Fenster

Türen stellen Energieschleusen dar. Zwei Türen sind für das Fließen des Chi optimal. Sollten wesentlich mehr Ein- und Ausgänge vorhanden sein, besteht die Gefahr, daß sich die Energie zerstreut. In Extremfällen können Sie das Entweichen des Chi verhindern, indem Sie einige der Türen verschließen und künftig ungenutzt lassen.

Fenster sind Wandöffnungen, durch die das Chi ebenfalls entweichen kann. Sie sollten aber trotzdem die Fenster nicht mit Vorhängen oder Jalousien verdunkeln, um zumindest tagsüber Sonnenlicht einströmen zu lassen. Es genügen Pflanzen, Fensterbilder oder andere Accessoires, die auf den Energiestrom wie eine Schranke wirken und zudem dekorativ aussehen. Dies gilt sowohl für Räume mit vielen Fenstern als auch für sehr große Fensterflächen. Für eine breite Glasfront sind Dekorationen mit Topfpflanzen oder Blumenampeln die ideale Lösung, weil sie einen Übergang von innen nach außen schaffen.

Was für die Form des Wohnzimmers gilt, hat auch für die Möblierung eine Bedeutung. Auch hier hat sich für ein gutes Feng Shui das alte Motto »weniger ist mehr« bewährt. Jedes Stück zuviel erhöht das Risiko einer Behinderung des Chi. Besondere Vorsicht gilt bei Einrichtungsgegenständen mit scharfen oder hervorstehenden Kanten: Hier kann es zu ungünstigen Ablenkungen und Irritationen des Energieflusses kommen. Betroffen sind vor allem Bücherregale und Schränke sowie Pflanzen mit spitzen oder gar stacheligen Blättern. Manche Palmenarten wie Yuccapalme oder Drachenbaum, die wegen ihrer exotischen Ausstrahlung und Robustheit beliebt sind, eignen sich daher nicht als Zimmerschmuck. Ausgleich schaffen buschig wachsende Pflanzenarten mit abgerundeten Blattformen. Mit Hilfe solcher Gewächse, die allerdings nicht zu klein sein sollten, kann man auch Ecken abrunden und auf diese Weise zur Gesamtharmonie des Raumes beitragen.

Die Positionierung des Sofas

Das wichtigste Möbelstück eines Wohnzimmers ist üblicherweise das Sofa. In den letzten Jahren haben sich viele Möbelanbieter zu allerlei Neukreationen inspirieren lassen, die leider häufig übereck gestaltet sind. Doch die L-Form wird als schwere Störung für ein gutes Feng Shui interpretiert, weil sie unvollkommen wirkt. Sie steht somit im Widerspruch zu einer an den Grundsätzen der Harmonie ausgerichteten Lehre.

Das Sofa sollten Sie nie ganz frei in den Raum stellen, sondern direkt an einer fensterlosen Wand plazieren. Wo das nicht möglich oder sinnvoll erscheint,

Ein vor dem Fenster oder frei im Raum stehendes Sofa bietet wenig Schutz im Rücken. Wo sich eine solche Position nicht vermeiden läßt, sollten zur Abschirmung eine große Pflanze oder ein Raumteiler hinter der Sitzgelegenheit aufgestellt werden.

hilft eine Abschirmung nach hinten durch eine große Topfpflanze oder einen Raumteiler. Die Position des Sofas innerhalb einer Türlinie ist im Sinne eines guten Feng Shui unbedingt zu vermeiden, denn das Möbelstück behindert hier den durch die Tür eintretenden Chi-Strom.

Wichtig ist, daß Sie vom Sofa aus - sowie von jedem anderen Sitzplatz des Zimmers auch - einen freien Blick auf das Zentrum des Raumes haben. Jeder, der einmal in einem Sessel mit dem Rücken zum Eingang gesessen hat, kennt das unangenehme Gefühl. Wenn man nicht sehen kann, wer den Raum betritt oder was sich hinter dem Rücken abspielt, empfindet man unwillkürlich Unbehagen. Die Feng Shui-Lehre berücksichtigt auch in dieser Hinsicht das uralte menschliche Bedürfnis nach Schutz: Wer mit dem Rücken zum Eingang sitzt, hat eine schlechte Ausgangsposition bei der Verteidigung gegen einen möglicherweise feindlichen Eindringling.

Andere Sitzgelegenheiten

Auch ein mehrsitziges Sofa kann nicht die einzige Sitzgelegenheit in einem Wohnzimmer sein. Ideal sind ein zweites Sofa sowie mehrere einzelne Sessel. Kleinste Änderungen in der Aufteilung wirken sich bereits nachhaltig auf die Gesamtatmosphäre aus. Der Blick in Richtung Süden fördert beispielsweise die Neigung zu Geselligkeit, während eine entgegengesetzte Sitzrichtung Nachdenklichkeit und Ruhe hervorruft.

Sitzpositionen nach den Acht Himmelsrichtungen

Diese gegensätzlichen Kräfte können auch genutzt werden, um Situationen für ein produktives Arbeitsgespräch oder für eine eher harmonische und familiäre Begegnung zu schaffen. Verstärkt wird die Wirkung der Himmelsrichtungen, wenn die Orientierung des Zimmers und die des Sitzenden zusammenfallen: Wer im südlichen Teil eines südlich gelegenen Zimmers sitzt, wird die Strömungen deutlicher wahrnehmen.

➤ **Platz im Nordwesten, Blick nach Südosten:** Die Einflüsse auf den Sitzplatz bedeuten Führungsanspruch, der Blick geht in Richtung kommunikationsfördernder Energien. Hier ist der ideale Platz für den Gesprächsleiter.

Zufriedenheit, Verspieltheit und Romantik im Westen

➤ **Platz im Westen, Blick nach Osten:** Die Zufriedenheit, Verspieltheit und Romantik fördernden Strömungen des Westens werden auf die zu Aktivität drängenden Energien des Ostens gelenkt. Dies ist eine ideale Position, um Partner für die Verwirklichung einer ungewöhnlichen Idee zu gewinnen.

➤ **Platz im Südwesten, Blick nach Nordosten:** Aus der familiären Geborgenheit des südwestlichen Chi richtet sich der Blick auf die Kräfte des Nordostens, die harte Arbeit und Klarheit über das Lebensziel einfordern. Wer sein Leben neu ausrichten will, findet in dieser Sitzrichtung viel Unterstützung.

➤ **Platz im Süden, Blick nach Norden:** Vom südlichen Feuer wendet sich der Blick dem kühlen, kontemplativen und strengen Norden zu. Dies ist ein guter Platz, um loszulassen und in Streßsituationen wieder zu sich selbst zu finden.

➤ **Platz im Südosten, Blick nach Nordwesten:** Die Energien des Sitzplatzes unterstützen die Gesprächsbereitschaft, und der Blick ist den Autorität, Führungswillen und Verantwortungsbewußtsein zugeordneten Strömungen zugewandt. Von diesem Platz aus lassen sich fruchtbare Auseinandersetzungen etwa über familiäre Fragen führen.

➤ **Platz im Osten, Blick nach Westen:** Die drängende Aktivität des Ostens wird in Richtung des romantischen, verspielten, zufriedenen Westens gelenkt. Ein guter Platz, den Tag entspannt mit Blickrichtung auf die untergehende Sonne zu beenden oder einen Abend in beschaulicher Zweisamkeit zu verbringen.

➤ **Platz im Nordosten, Blick nach Südwesten:** Auch bei dieser Sitzrichtung stehen die Zeichen auf Entspannung - Hyperaktivität und Nervosität des Nordostens können von der familiären Harmonie des Südwestens gemildert werden. Ein Platz, auf dem Konflikte friedlich bereinigt werden können.

➤ **Platz im Norden, Blick nach Süden:** Die kontemplative Stille des Nordens wendet sich der Feurigkeit des Südens zu. Diese Sitzrichtung ist ideal für aufmerksame Gastgeber.

Offenes Feuer, Farben und Beleuchtung

Die ungünstigste Ausrichtung für den Bau eines Kamins ist der Süden. Durch einen Kamin im Süden treffen die Energien der mit Feuer in Verbindung stehenden Himmelsrichtung und des offenen Feuers unheilvoll zusammen. Besser geeignet ist der Nordosten des Hauses oder der Wohnung. Wer sich die Möglichkeit eines Kaminfeuers geschaffen hat, sollte jedoch auch regelmäßigen Gebrauch davon machen: Ein unbenutzter Kamin ist für die Chi-Energie nur ein weiteres Loch in der Wand, durch das sie entweichen kann.

Darauf sollten Sie achten

Achten Sie bei der Auswahl der Farben grundsätzlich auf einen Ausgleich von Yin und Yang, der sich in einem ausgewogenen Verhältnis zwischen hellen und dunklen, grellen und pastellenen Tönen niederschlägt. Die Verwendung dicker Teppiche und schwerer Vorhangstoffe benötigt viel Fingerspitzengefühl, denn diese verlangsamen den Energiestrom. Das kann zu mehr Gelassenheit und Entspannung führen, birgt aber auch das Risiko ungünstiger Stockungen des Chi-Flusses in sich. Die künstliche Beleuchtung muß natürlich der vielfältigen Nutzung des Wohnzimmers gerecht werden. Mit vielen unterschiedlichen Lichtquellen kann man für jeden Anlaß die richtige Helligkeit finden. Ein gutes Feng Shui verträgt dabei keine allzu heftigen Kontraste, die zudem beim Lesen oder Fernsehen die Augen belasten.

Dekorations-Tips für verschiedene Richtungen

➤ **Süden:** Pastellenes Purpur und blasse Gelbtöne unterstützen die hier herrschende positive Feuer-Energie ebenso wie Zickzacklinien oder sternförmige Muster.

➤ **Südwesten:** Die hier wirkende günstige Erde-Energie kann durch Akzente in braun oder gelb sowie Karomuster bewahrt werden. Wenn es Ihnen jedoch an Schwung fehlt, dann nutzen Sie das feurige Chi spitz zulaufender Designs.

➤ **Westen:** Hier genügen einfühlsame Ergänzungen der Metall-Energie. Verwenden Sie kastanienbraune, rostrote oder pinkfarbene Elemente mit runden oder geblümten Mustern.

➤ **Nordwesten:** Diese Ausrichtung ist für ein Wohnzimmer ungünstig. Strenge und Stolz des nordwestlichen Chi können jedoch durch Erdfarben gelockert und belebt werden.

➤ **Norden:** Einen Raum in nördlicher Richtung sollten Sie nicht als Wohnzimmer nutzen. Wenn es nicht anders geht, versuchen Sie der Wasser-Energie mit Metall-Chi entgegen zu wirken, indem Sie helles Rot verwenden.

➤ **Nordosten:** Auch diese Orientierung eignet sich durch ihr ausgeprägtes und unstetes Yang nicht für ein Wohnzimmer. Abhilfe schafft hier die Betonung des Yin durch gedeckte Farben und schwere Teppiche.

Ein Kamin ist für ein im Nordosten des Hauses liegendes Zimmer gut geeignet. Sie sollten ihn jedoch regelmäßig benutzen, damit er nicht zu einem zusätzlichen Loch in der Wand wird, durch das Energie ins Freie strömt.

➤ **Osten:** Mit seiner starken Yang-Besetzung ist der Osten für die Wohnzimmernutzung ebenfalls nur bedingt geeignet. Am besten wirkt man der dort herrschenden starken Energie mit blassem Grün und Mobiliar aus natürlichen Materialien wie Bambus und Weide entgegen.

➤ **Südosten:** Die insgesamt positive, Aktivität fördernde Strömung kann durch intensive Grün- und Blautöne verstärkt, durch hohe Pflanzen oder schwere Vorhänge gemildert werden.

Das Kinderzimmer

Ähnlich dem Wohnzimmer hat auch das Kinderzimmer nicht nur eine einzige Funktion zu erfüllen. In den meisten Fällen gibt es wahrscheinlich keine eigenen Schlafzimmer für die Kinder. Das Kinderzimmer ist damit sowohl Schlafraum für das Kind und möglicherweise mehrere Geschwister als auch Spielzimmer und Rückzugsmöglichkeit. Dieser Raum muß außerdem über die Jahre hinweg die unterschiedlichen Anforderungen, die ein heranwachsender Mensch zwischen dem Säuglingsalter und der Pubertät durchläuft, erfüllen können. Ein Kleinkind verbringt zunächst viel Zeit im Kinderbettchen; spätestens nach einem Jahr folgt die Phase großer neugieriger Aktivität mit ständig wechselnden Interessen. Die Erfahrungen, die das Kind in dieser Zeit macht, prägen es für den Rest des Lebens. Nicht alles, aber doch vieles von dem, was an Anlagen in Ihrem Kind steckt, können und sollen Sie jetzt beeinflussen. Daß es immer nur das Beste ist, was Sie Ihrem Sprößling wünschen, versteht sich von selbst. Damit haben Sie schon bei der Gestaltung des unmittelbaren, frühen Lebensumfeldes Ihres Kindes eine große Verantwortung übernommen.

Die Anforderungen, die an ein Kinderzimmer gestellt werden, stehen sich zunächst unvereinbar gegenüber: Zum einen braucht Ihr Kind einen ungestörten, tiefen Schlaf in der Nacht, womit wir eine klare Yin-Besetzung haben. Andererseits muß der Raum, in dem sich das Kind während des Tags aufhält, anregend und von aktivitätsfördernden Energien durchströmt sein, also eindeutig viel Yang besitzen. Wofür sollen Sie sich entscheiden?

Ein im Osten liegender Raum ist als Kinderzimmer besonders geeignet, da die hier vorherrschende Energie für Aufbruch und Wachstum steht. Helle Blau-, Gelb- und Grüntöne fördern diese Energie ebenso wie ein Bodenbelag aus Holz.

Junge Energie aus dem Osten

Der Osten ist die Himmelsrichtung, die für Jugend und Heranreifen steht. Zudem geht in dieser Richtung die Sonne auf, was Ihrem Kind gleich am Morgen die richtige Portion Sonnenenergie mit auf den Weg gibt. Damit haben Sie die Himmelsrichtung gefunden, die die Aktivitäten und die Entwicklung Ihres Kindes am stärksten unterstützt. Wenn Sie das Kinderzimmer hingegen im Westen einrichten, werden Sie als Eltern zwar ruhige Nächte haben, doch die westliche Energie ist nicht besonders günstig für Wachstumsprozesse. Einen akzeptablen Kompromiß zwischen dem Yin des Schlafes und dem Yang des Lernens bietet die Ausrichtung nach Südosten: Die aktive Holz-Energie des Ostens wird bereits geschwächt durch die entgegengesetzte Feuer-Energie des Südens. Wenn Sie das Verhalten Ihres Kindes aufmerksam beobachten, werden Sie schon in einer sehr frühen Phase besonders ausgeprägte Charakterzüge feststellen, die Ihnen den optimalen Standort des Kinderzimmers verraten. Damit können Sie ermessen, in welchem Verhältnis Yin- und Yang-Elemente vorherrschen. Erweist sich Ihr Kind als hyperaktiv oder außergewöhnlich ängstlich, so ist gegen die West-Ausrichtung des Kinderzimmers nichts einzuwenden. Die ruhigere Energie wirkt harmonisierend und damit stabilisierend. Neigt Ihr Kind hingegen eher zur Zurückhaltung, kann es in seiner Entwicklung durch die jugendliche Energie des Ostens zu mehr eigenständigem Handeln angeregt werden. Für die meisten Kinder ist vermutlich ein Zimmer in Ost-Ausrichtung mit einigen beruhigenden Elementen der geeignetste Ort um aufzuwachsen. Die Eltern haben die Möglichkeit, das Verhältnis zwischen Yin- und Yang-Elementen beziehungsweise der Holz-Energie des Ostens und der Feuer-Energie des Südens selbst zu beeinflussen.

Die Yang-Energie des Ostens wird gefördert durch:

- Helles Blau als Grundfarbe, stellenweise ergänzt mit ebenfalls helleren Grün- und Gelbtönen.
- Einfarbige Tapeten, Bettwäsche und Tischtücher.
- Indirekte Beleuchtung, die als Reflexion von der Decke kommt.
- Ein Bodenbelag aus Holz oder Kork (Holz ist leichter zu reinigen und daher empfehlenswerter).
- Fenster ohne Vorhänge.

Der Schreibtisch Ihres Kindes sollte nicht zwischen Tür und Fenster plaziert sein, da dies zu Konzentrationsschwierigkeiten führen kann. Auf den Arbeitsplatz fallendes Tageslicht wirkt sich günstig aus.

Die östliche Yang-Energie wird gemildert durch:

- Farbgebung in pastellenen Tönen.
- Einsatz von Feuer-Energie zum Beispiel mit Hilfe spitz zulaufender Muster (hier sind etwa Tapeten und Wandbehänge mit sternförmigen Mustern gut geeignet).
- Rollos aus Stoff vor den Fenstern (Rollos sind besser geeignet als Vorhänge aus dickem Stoff, die in der Nacht leicht eine Stagnation des Chi-Stroms verursachen können).
- Wandbehänge aus textilen Materialien.
- Mobiles aus weichen Materialien in Pastelltönen.

Bett und »Arbeitsplatz« des Kindes

Bei der Möblierung eines Kinderzimmers sollten Sie grundsätzlich auf helle Farben und abgerundete Kanten achten. Die Helligkeit bringt ein aktiveres Chi und die Rundungen vermeiden, wie es auch für Wohnzimmer und Elternschlafzimmer gilt, Schneidendes Chi. Darüber hinaus können dunkle, schwere Einrichtungsgegenstände ein Kind bedrücken und ihm das Gefühl der Beengung geben. Nehmen Sie Ihr Bagua-Diagramm zur Hand und vergleichen Sie es mit der Struktur des Kinderzimmers: Wenn Sie im »Kinder«-Bereich (mittleres Feld in der rechten Zeile vom Eingang aus gesehen) einen Einrichtungsgegenstand entdecken, der wenig kindgerecht oder sogar bedrohlich wirken könnte, entfernen Sie ihn. Das Bett sollte vom Chi-Fluß des Zimmers so weit wie möglich entfernt sein, das heißt, weg von Tür und Fenster, um einen erholsamen Schlaf nicht zu beeinträchtigen. Auf jeden Fall sollten Sie vermeiden, das Kopfende des Bettes unmittelbar vor ein Fenster zu stellen. Dies gilt nicht für den Wickeltisch, denn das Wickeln des Kleinkinds erfordert Aufmerksamkeit. Sollten sich mehrere Kinder das Zimmer teilen, dann versuchen Sie es so einzurichten, daß die Betten die gleiche Ausrichtung haben. Mit einem Doppelbett erreichen Sie dieses Ziel auf platzsparende Weise. Damit mindern Sie die Spannungen unter Ihren Sprößlingen. Ganz ausschließen lassen sich allerdings Streitereien und die letztlich der Persönlichkeitsentwicklung dienlichen Positionskämpfe unter Geschwistern nicht. Außerdem ist es für die Entwicklung wichtig, daß jedes Kind, das das Zimmer nutzt, ein eigenes, und sei es noch so winziges, Territorium für sich beanspruchen kann. Greifen Sie in die Gestaltung dieses »privaten Raumes« nicht ein. Aber sowohl die persönlichen kleinen Ecken als auch der von allen Kindern gemeinsam genutzte Raum sollten am Abend aufgeräumt sein. Auch im Kinderzimmer muß das Chi frei und unbehindert fließen können. Planen Sie deshalb genug Stauraum für eine schnell wachsende Menge an Spielsachen ein.

Zuviel östliche Yang-Energie im Kinderzimmer kann durch pastellfarbene Mobiles mit weichen Formen gedämpft werden.

Mit wachsendem Alter wandelt sich das Kinderzimmer in ein Arbeits- und Studierzimmer. Ein guter Platz für den Schreibtisch ist dort, wo das Kind eine sichere Position hat - also mit dem Rücken zu einer Wand sitzt und Überblick über den gesamten Raum hat. Der Schreibtisch sollte vom Tageslicht profitieren, ohne daß der junge Schüler direkter Sonneneinwirkung ausgesetzt ist. Die Schreibtischlampe muß die Arbeitsfläche gleichmäßig und hell ausleuchten und sollte verstellbar sein. Der ungünstigste Platz für den Schreibtisch ist direkt vor einem Fenster mit Blick nach draußen. Schlimmer noch ist es, wenn das Kind, das hier seine Hausaufgaben erledigen soll, mit dem Rücken zur Tür sitzt. Der Chi-Strom fließt von der Tür über das Kind hinweg zum Fenster hinaus und ruft schwere Konzentrationsstörungen hervor. Ihr Kind wird sich dort wahrscheinlich ungern aufhalten und versuchen, für die Arbeit einen anderen Ort - das Bett, den Eßtisch in der Küche oder den Wohnzimmertisch - zu finden. Wie anderswo auch, stören elektrische Geräte den Energiestrom. Zwar sind Fernsehgerät und Computer ab einem gewissen Alter unverzichtbare Bestandteile des Lernens, doch sollten Sie das Kinderzimmer erst zu einem Zeitpunkt damit ausrüsten, wenn es wirklich nicht mehr zu vermeiden ist.

Das Eßzimmer

Erfreulicherweise gibt es in den westlichen Ländern einen anhaltenden Trend, den Mahlzeiten wieder mehr Aufmerksamkeit zu schenken. Statt Essen als Störungen im Geschäftsablauf zu empfinden, die wie eine lästige Pflicht schnell erledigt werden müssen, kann ein Essen Teil der Geschäfte sein - sei es, um in entspannter Atmosphäre mit dem Geschäftspartner zu sprechen, sei es, um nach der Pause mit neuer Kraft und Motivation seine Aufgaben vielleicht erfolgreicher bewältigen zu können als nach einem hastig heruntergeschluckten Imbiß. In den Chefetagen und in gehobenen Kreisen von Politik und Diplomatie sind gemeinsame Mahlzeiten in angenehmer Atmosphäre schon immer ein Mittel gewesen, um seine Ziele vielleicht leichter durchzusetzen. Selbst die zäheste Verhandlung bekommt nach einem eleganten oder gar festlichen Mahl eine neue Richtung. Dies läßt sich ohne weiteres auch auf das familiäre Leben übertragen: Wo in sorgfältig und liebevoll gestalteter Umgebung Familienmitglieder und Freunde zum Essen zusammentreffen, lassen sich auch heikle Angelegenheiten viel leichter besprechen. Auch wenn sich chinesische und westliche Eßkultur stark voneinander unterscheiden, läßt sich mit den Prinzipien des Feng Shui überall eine sowohl die Gemeinschaft als auch die körperliche Gesundheit fördernde Eßsituation herstellen.

In vielen Familien werden die Mahlzeiten gleich in der Küche eingenommen. Das ist günstig, denn der Weg von der Kochstelle zum Eßplatz ist kürzer als in jedem anderen Raum. Ideal ist die klassische Wohnküche, die einerseits die

Der ideale Eßplatz ist nach wie vor die klassische Wohnküche. Ein separates Eßzimmer sollte in unmittelbarer Nähe der Küche liegen oder durch eine Durchreiche mit ihr verbunden sein.

Mahlzeiten wieder mehr Aufmerksamkeit schenken

räumliche Einheit von Essenszubereitung und Essensaufnahme herstellt, zum anderen aber zwischen beiden Funktionsbereichen eine Distanz zuläßt. Diese aus dem bäuerlichen Leben stammende Wohnkultur wurde inzwischen von vielen Bauherren wiederentdeckt und beim Bau des Eigenheims verwirklicht. Was im folgenden über den Tisch gesagt wird, gilt selbstverständlich auch für Eßtische in Küchen und Wohnküchen. In vielen modernen Etagenwohnungen hat die Küche jedoch oft einen extrem kleinen Zuschnitt, so daß kaum mehr als eine Person Platz zum Essen findet. Diese Wohnungen sind häufig mit einem eigenen Eßbereich ausgestattet. Dies kann ein eigenes Zimmer sein, das in unmittelbarer Nähe der Küche liegt und mit dieser durch eine Durchreiche verbunden ist, oder es kann ein Teil des Wohnzimmers sein. In diesem Fall allerdings empfiehlt es sich, für eine deutliche Trennung der beiden Funktionsbereiche zu sorgen, beispielsweise mit einem Windspiel, einem Pflanzenarrangement, einer Kommode oder einem Regal. Mitunter finden sich in einem Haushalt auch beide Formen, die je nach Gelegenheit genutzt werden: In der Küche nimmt die Familie ihre alltäglichen Mahlzeiten ein, und das Eßzimmer ist besonderen Anlässen wie Feiertagen und Familienfesten gewidmet oder für Einladungen von Geschäftspartnern oder Berufskollegen reserviert.

Kein Eßzimmer im nordöstlichen Hausteil

Fast alle Himmelsrichtungen verfügen über Energien, die einer erfolgreichen Mahlzeit förderlich sind. Es gibt allerdings eine Ausnahme: Der Nordosten ist mit seinen nach schnellem Erfolg strebenden und zur Aktivität drängenden Energien einem entspannten Mahl nicht zuträglich. Ähnliches gilt für das stille Chi des Nordens, das sich in einem Eßzimmer eher kommunikatonshemmend und bedrückend auswirken kann. Die anderen Richtungen begünstigen mit ihren Chi-Eigenschaften die Essenssituation auf ihre Weise. Sie selbst wissen am besten, welche Einflüsse Sie beim Essen bevorzugen:

Südosten: Mit ihrer Feuerbesetzung regen die Strömungen aus südlicher Richtung das Gehirn an und fördern interessante Gespräche. Der südöstliche Teil Ihrer Wohnung ist also besonders für ein Eßzimmer geeignet, wenn Sie dort lebhafte Familienzusammenkünfte oder ergiebige Geschäftsgespräche suchen. Empfehlenswert sind dunkles Blau und dunkles Grün als vorherrschende Farben. Die Energie wird durch ein unregelmäßiges Muster auf der Tapete verstärkt.

Zum Frühstücken eignet sich ein Eßplatz im Osten Ihrer Wohnung besonders gut. Helle Blau- und Grüntöne sowie Blumenmuster fördern das Chi des Ostens.

Osten: Die jugendliche Energie des Ost-Chis begünstigt auch hier lebendige Begegnungen. Ein Zimmer im Osten ist zugleich ein idealer Frühstücksraum, denn die belebende Wirkung dieser Himmelsrichtung verspricht einen guten Start in den Tag, und Sie kommen in den Genuß der ersten Sonnenstrahlen. Bewahren Sie das Chi mit hellem Blau oder hellem Grün sowie Tapeten und Stoffen mit Blumenmotiven.

Nordwesten: Das Chi aus nordwestlicher Richtung fördert Respekt und Vertrauenswürdigkeit. Ein Eßzimmer, das in diesem Teil Ihrer Wohnung liegt, wird ein Ort anregender und intensiver Aussprachen sein. Da hier auch starke Autoritätsaspekte herrschen, werden Geschäftsessen oder förmliche Mahlzeiten zu außergewöhnlichen Anlässen unterstützt. Die entsprechenden Farben sind Weiß und Grau. Eine Milderung der strengen Atmosphäre erreichen Sie mit Ausstattungsstücken aus Metall sowie silberfarbenen und roten Akzenten.

Westen: Ein Eßzimmer in West-Ausrichtung ist besonders für die Nutzung am Abend geeignet, denn hier kommen Sie in den Genuß der Abendsonne. Gleichzeitig erleichtert das West-Chi das Loslassen vom Tage, denn es unterstützt Gelassenheit und Nichtstun. Auf der anderen Seite entfalten sich hier romantische Gefühle und Vergnügungen, so daß das West-Eßzimmer auch der ideale Ort für ein romantisches Abendessen bei Kerzenlicht ist. Diese Stimmung läßt sich mit rötlichen Farbtönen noch intensivieren.

Der Tisch bestimmt das Chi

Das dominierende Möbelstück eines Eßzimmers ist in der Regel ein ausreichend großer Tisch. Wenn Sie hin und wieder viele Gäste bewirten, ist ein Ausziehtisch vorteilhaft, da er im Normalzustand weniger Platz beansprucht als eine am Maximalbedarf ausgerichtete große Tafel. Allerdings sollten Sie einen ausgezogenen Tisch stets mit einem Tischtuch bedecken, um die Trennfugen unsichtbar zu machen. Sie haben sonst einen auf die Tischgemeinschaft trennend, mitunter sogar entzweiend wirkenden Effekt. Empfehlenswert sind alle in sich geschlossenen Tischformen. Eckformationen oder Tische mit Einbuchtungen sind dagegen ungeeignet. Diese sind im Sinne eines guten Feng Shui unvollständige Formen, die unharmonisch wirken. Damit geht auch dem Eßraum die gewünschte Harmonie verloren.

Empfehlenswerte Formen für den Eßtisch

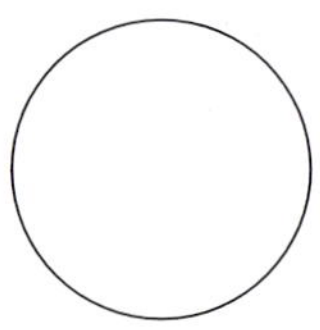

➤ **Rund:** Der Kreis ist die vollkommenste aller Formen und hat daher für alle, die um einen runden Tisch herum Platz genommen haben, die gleiche harmonische Chi-Strömung. Nicht umsonst ist das »Gespräch am runden Tisch« der oft letzte Vermittlungsversuch, wenn sich politische oder gesellschaftliche Gruppen in einem Konflikt unversöhnlich gegenüberstehen.

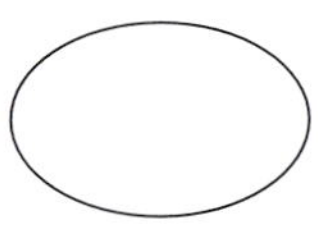

➤ **Oval:** Da an einem solchen »Runden Tisch« häufig viele Menschen untergebracht werden müssen, kann man den Kreis auch in die Länge strecken und erhält so eine ovale Tischplatte. Die Streckung der Form ist mehr Yin und hat daher auch eine entspannende Wirkung, was für ein streßfreies Essen besonders wichtig ist.

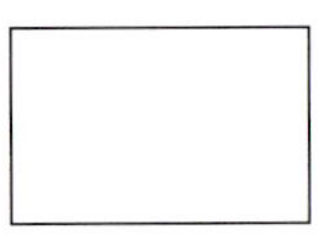

➤ **Rechteckig:** Auch der rechteckige Tisch hat den entspannenden Yin-Charakter der länglichen Form. Im Sinne eines guten Feng Shui bieten eckige Tische allerdings weniger Möglichkeiten, den Familienmitgliedern oder Gästen gute Plätze (siehe Übersicht »Der Eßplatz und die Acht Himmelsrichtungen«) anzubieten.

➤ **Quadratisch:** Wie der Kreis ist auch das Quadrat eine Yang-Form. Das Chi wird auf einer quadratischen Tischplatte dynamisiert und beschleunigt. Deshalb ist diese Form eher für schnellere Mahlzeiten oder ein ergebnisorientiertes Geschäftsessen geeignet.

Materialien am Eßplatz

➤ **Holz:** Grundsätzlich hat Holz-Energie eine belebende, die Aktivitäten begünstigende Wirkung. Allerdings müssen Sie bei diesem in fast allen Lebenslagen nützlichen und positiven Werkstoff zwischen den leichten und weichen Hölzern unterscheiden, die mehr Yin sind, und den harten Hölzern, die mehr Yang sind. Eine Tischplatte aus hellem Kiefernholz ist ein freundlicher, entspannender Eßplatz für die ganze Familie. Ein dunkel poliertes Edelholz hingegen eignet sich besser für förmliche Anlässe.

➤ **Marmor:** Die glatt polierte Oberfläche des Yang-dominierten Steins verstärkt die Dynamik und die Aktivität an diesem Tisch.

➤ **Glas:** Mit seinem mineralischen Ursprung und der extrem glatten Oberfläche beschleunigt Glas das Chi von allen Tischoberflächen am stärksten. Allerdings ist es nicht jedermanns Sache, beim Essen auf den Fußboden zu sehen. Der »schwebende« Zustand des Essens kann zu atmosphärischen Beeinträchtigungen führen.

Wenn Sie verschiedene Komponenten miteinander verbinden, erreichen Sie einen individuellen Energiestrom, der Ihr Vergnügen am Essen steigert. Sie können die harte Yang-Wirkung einer quadratischen Marmorplatte durch Blumenschmuck in einem runden Topf mildern. Andererseits können Sie starke Yin-Einflüsse eines ovalen Holztisches mit dem Yang von Metall-Accessoires und der Feuer-Energie spitz zulaufender Formen anregender gestalten.

Dunkel poliertes Edelholz gibt Ihrem Eßzimmer einen eher förmlichen Charakter. Ein Eßtisch aus solchem Material eignet sich gut für offiziellere Essen.

Der Eßplatz und die Acht Himmelsrichtungen

Die Regeln des Feng Shui beinhalten auch eine Sitzordnung, die aus den Eigenschaften der Himmelsrichtungen abgeleitet ist. Dabei ist jeder Himmelsrichtung ein Familienmitglied zugeordnet. Dieses System stammt zwar aus der bäuerlichen und streng patriarchalisch geprägten Tradition des alten China, aber vielleicht läßt sich manche Zuordnung auf Ihre Familie, Ihre Lebensgemeinschaft oder den Freundeskreis, den Sie bewirten, übertragen. Alle Richtungsangaben beziehen sich auf die Mitte eines Tisches.

➤ **Platz im Nordwesten, Blick nach Südosten:** Der Platz steht in Zusammenhang mit Autorität, Weisheit und Verantwortungsbewußtsein, der Blick steht mit Energien in Verbindung, die harmonisches Miteinander fördern. Hier sitzt der Vater und Hausvorstand.

➤ **Platz im Westen, Blick nach Osten:** Diese Konstellation richtet den Blick von einem romantisch verspielten Chi auf eine aktiv zu gestaltende Zukunft, in der Träume in die Wirklichkeit umgesetzt werden. Dieser Platz ist der jüngsten Tochter zugeordnet.

➤ **Platz im Südwesten, Blick nach Nordosten:** Der Sitz ist von Energien geprägt, die Harmonie innerhalb der Familie, bedächtige Zielstrebigkeit und Sparsamkeit günstig beeinflussen. Die Blickrichtung geht in Richtung Eigenmotivation und Arbeit. Es ist der Platz der Mutter.

➤ **Platz im Süden, Blick nach Norden:** Der Platz bedeutet öffentliche Anerkennung, glühende Energie und Leidenschaft, der Blick geht in den Bereich des inneren Wachsens, der Ruhe und des Innehaltens. Hier sitzt die mittlere Tochter.

➤ **Platz im Südosten, Blick nach Nordwesten:** Kreativität und Gesprächsbereitschaft werden auf diesem Sitzplatz gefördert, die Blickrichtung steht im Zusammenhang mit Respekt und Führungsanspruch. Dies ist der Platz für die älteste Tochter.

➤ **Platz im Osten, Blick nach Westen:** Aus der Position einer sich verstärkenden Aktivität, des Selbstvertrauens und des Optimismus richtet sich der Blick auf romantische Glücksgefühle und in sich ruhende Verspieltheit. Dort nimmt der älteste Sohn Platz.

➤ **Platz im Nordosten, Blick nach Südwesten:** Der Platz repräsentiert Kräfte, die Arbeitsamkeit und Motivation begünstigen, der Blick richtet sich auf die Seite der Mütterlichkeit und Freundschaft. Es ist der Platz des jüngsten Sohnes.

➤ **Platz im Norden, Blick nach Süden:** Aus der Position der Stille, der Unabhängigkeit und des In-Sich-Ruhens richtet sich der Blick auf die Leidenschaftlichkeit und die gesellschaftlichen Aktivitäten. Hier sitzt der mittlere Sohn.

Das Badezimmer

Die nach den Feng Shui-Maßstäben problematischsten Räume einer Wohnung oder eines Hauses sind Toilettenräume und Badezimmer. Meistens sind beide Funktionen in einem Raum vereint und die Risiken, die sich dadurch ergeben, sind sich sehr ähnlich: In beiden Fällen kommt sauberes Wasser ins Haus und wird verschmutzt wieder nach draußen geleitet. Speziell die Toilettenschüssel mit ihrem ständigen Wegfließen von Wasser ist eine wahre Chi-Falle. Hier kann die Energie das Haus beinahe ungehindert wieder verlassen. Zudem entsteht in diesen Räumen ständig Feuchtigkeit oder gar Nässe. Diese läßt die Energieströme stagnieren und beschwört dadurch schädliche Wirkungen herauf. Viele Sünden des modernen Wohnungsbaus beziehen sich vor allem auf die Naßräume und unterstützen die Entwicklung schädlichen Chis. So sind Badezimmer oft nicht nur extrem klein, sondern auch noch fensterlos. Wichtig wäre jedoch viel Platz und

Glatte, glänzende Oberflächen beleben das Chi im Badezimmer, das durch das permanente Wegfließen von Wasser sonst leicht zur Energiefalle werden kann.

ein großes Fenster, durch das Tageslicht einströmen und schlechtes Chi ausströmen kann. Mitunter werden Badezimmer und Schlafzimmer direkt nebeneinander plaziert und häufig auch noch durch Türen unmittelbar verbunden. Das kürzt zwar den Weg von der Abendtoilette ins Bett ab, schwächt aber das Feng Shui des Schlafraumes.

Die wichtigste Regel in bezug auf das Badezimmer ist, sowohl den Toilettendeckel als auch die Badezimmertür stets geschlossen zu halten. Wenn irgend möglich, sollte die Toilette im östlichen oder südöstlichen Teil des Badezimmers installiert und so weit wie möglich von der Tür entfernt sein. Sinnvoll ist es auch, zwischen Badezimmertür und Toilettenschüssel einen Sichtschutz anzubringen, um das gleichmäßige Strömen des Chi auch in Nähe des Abflusses zu gewährleisten. Achten Sie darauf, daß die Toilette nicht etwa von einem Spiegel reflektiert wird, denn in diesem Fall wären die vorherigen Maßnahmen sinnlos. Da das Badezimmer durch den Umgang mit großen Mengen fließenden Wassers einerseits und Exkrementen andererseits eine schwere Belastung für das Feng Shui der ganzen Wohnung oder gar eines ganzen Hauses darstellen, gibt es keinen wirklich optimalen Standort. Gleichgültig, ob Sie nach dem Bagua-Diagramm entscheiden wollen oder nach den Acht Himmelsrichtungen, Sie werden immer ein unbefriedigendes Ergebnis erhalten. Grundsätzlich muß vor einer Plazierung des Badezimmers gegenüber des Wohnungs- bezie-

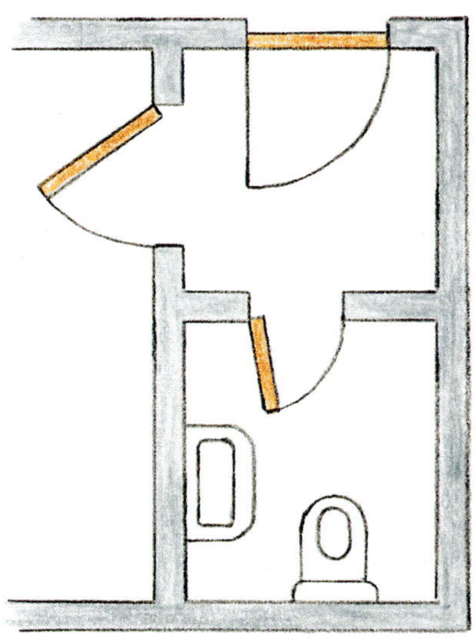
vorher

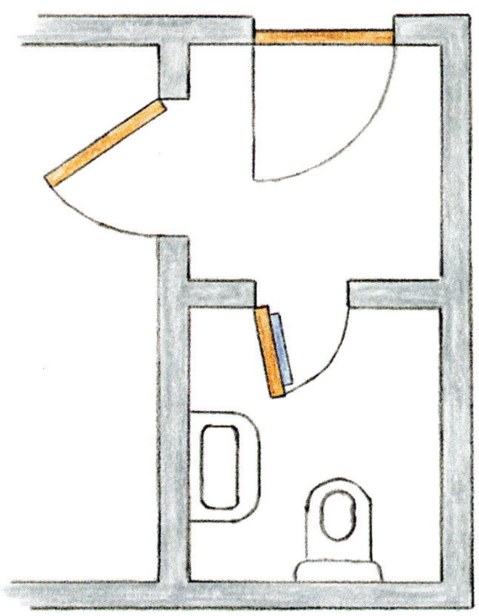
nachher

Wo sich ein Bad oder eine Gästetoilette gegenüber der Haustür befinden, sollte man die Badezimmertür stets geschlossen halten und außen einen Spiegel anbringen. Nur so kann verhindert werden, daß das ins Haus einströmende Chi sogleich wieder entweicht.

hungsweise Hauseingangs gewarnt werden. Hier besteht das Risiko, daß die eintretenden Energien sofort wieder durch die reichlich vorhandenen Ausgüsse des Badezimmers verschwinden. Ein stabiles, harmonisches und die Lebensqualität der Bewohner steigerndes Feng Shui ist dann für die übrigen Räumlichkeiten kaum noch zu erreichen.

Noch mehr Tips für das Badezimmer

- Versuchen Sie, das Badezimmer und die Toilette möglichst weit entfernt vom Eingang oder, falls vorhanden, am Ende eines langen Flures einzurichten. Hier sind die Chi-Ströme bereits geschwächt und für die im Haus lebenden Menschen nicht mehr von großer Bedeutung.
- Die am wenigsten störenden Einflüsse übt ein Badezimmer aus, wenn es im Osten oder Südosten der Wohnung oder des Hauses liegt. Hier bestehen harmonische Aspekte zur Holz-Energie dieser Himmelsrichtungen.
- Ein Spiegel an der Außenseite der Badezimmertür steuert den Chi-Strom am Naßraum vorbei.
- Sorgen Sie vor allem in fensterlosen Badezimmern und Toilettenräumen für helles Licht.
- Mit großen Spiegelflächen lassen sich kleine Badezimmer optisch vergrößern.
- Verwenden Sie glatte, glänzende Oberflächen. Sie sind nicht nur leichter sauber zu halten, sondern beleben das Chi des extrem Yin-belasteten Naßraumes. Legen Sie daher den Boden lieber mit Holz oder Kacheln aus statt mit Badezimmerteppichen. Auch andere Accessoires aus Stoff sollten Sie nur verwenden, wenn Sie über ein sehr großes Badezimmer verfügen.
- Große Blattpflanzen mildern die dominante Wasser-Energie und nehmen überschüssige Feuchtigkeit auf.
- Meersalz stärkt die Metall-Energie und sorgt für einen Ausgleich von Erd- und Wasserkräften.

Der Garten

Im Fernen Osten werden die Gärten seit alters her nach Feng Shui-Prinzipien angelegt, aber auch Europa verfügt über ein altes Wissen in der Gartengestaltung, wie traditionelle Bauern- und Klostergärten zeigen. Ohne asiatische Gärten zu kopieren, können Sie Ihr Grundstück so harmonisch gestalten, daß sich das Chi frei entfalten kann. Zu Form und Verlauf von Gartenwegen und Blumenbeeten, zum Anlegen eines Teichs oder der Begrünung einer Mauer sowie zur Auswahl der Pflanzen finden Sie hier Tips.

Feng Shui für den Garten

Die Gestaltung von Parkanlagen und Gärten ist ein fester Bestandteil aller kultivierten Völker. Dabei werden die Traditionen des jeweiligen Kulturkreises für das bloße Auge sichtbar: Während die von Rationalität und Aufklärung geprägte abendländische Gartenarchitektur auf geometrische Komposition und regelmäßige Ornamentik Wert legt, folgen die Gartenarchitekten des Fernen Ostens den Prinzipien des Feng Shui. Was als alles durchdringende kosmische Energie das Leben rund um das Haus und im Haus bestimmt, hat natürlich auch Einfluß auf die vom Menschen gestaltete Natur. Einen Garten mit dem Ziel zu formen, das Chi frei schwingen zu lassen und möglichst viel gutes Chi anzusammeln, setzt voraus, daß die in der Natur vorhandenen Elemente in ihren Eigenheiten betont werden. So entstehen Landschaften, die ein Ideal der Natur darstellen, das die Kräfte der Natur mit dem Gestaltungswillen des Menschen vereint.

Die Forderung nach Ausgleich und Harmonie gilt vor allem im Gartenbereich. Kein Element sollte hervorgehoben sein oder betont im Vordergrund stehen. Zwar haben Sie selten Gelegenheit, die Form des Grundrisses oder die Art der Umfriedung zu verändern, aber innerhalb dieser Grenzen bestehen beträchtliche Möglichkeiten, einen ganz persönlichen Feng Shui-Garten zu schaffen. So kommt der in abendländischen Reihenhaussiedlungen übliche, am Rechteck orientierte Grundstückszuschnitt den fernöstlichen Vorstellungen von Gartengestaltung zwar nicht entgegen, aber der flachen Topographie und der Übersichtlichkeit der rechten Winkel kann schon mit einfachen Maßnahmen entgegengewirkt werden. Um die Energieströme positiv zu verändern, sollten Sie zuerst den Weg, der durch Ihren Garten führt, nicht gerade, sondern gewunden anlegen. Ein Gartenweg nach Feng Shui-Kriterien schlängelt sich durch das Gelände und verschwindet hinter höherem Bewuchs. Begeben Sie sich dann aus Ihrem Garten heraus und untersuchen Sie, ob Ihr Grundstück von Geheimen Pfeilen bedroht wird. Als Abwehrmaßnahme kommt beispielsweise Gitterwerk in Betracht, das den Zaun überragt und das Sie mit einem Rankgewächs, beispielsweise Wein oder Efeu, bepflanzen. Eine weitere grundlegende Maßnahme zur Optimierung des Energiestroms im Garten ist die Beseitigung Geheimer Pfeile, die das Chi innerhalb des Grundstücks stören. Wenn Sie rechtwinklige Blumenbeete angelegt haben, dann sollten Sie Ecken durch Kreisbögen abrunden. Ideal wäre eine schwungvolle Form des Beetes, die beispielsweise den Mäandern des Weges folgt. Ein wichtiges Element der Gartengestaltung nach Feng Shui-Prinzipien sind Einfassungen, die die Linien der einzelnen Bereiche hervorheben und der Lenkung der Chi-Ströme dienen.

In der abendländischen Gartenarchitektur legt man Wert auf geometrische Formen, wie dies in barocken Schloßgärten zu sehen ist.

In einem Garten mit geschwungenen Wegen und Wasserflächen kann sich das Chi frei entfalten. Eine flache Topographie und rechteckige Formen können durch Pflanzen ausgeglichen werden.

Wasser sammelt das Chi

Fließendes Wasser ist einer der wichtigsten Energieträger. Shui, der zweite Wortbestandteil des Begriffs Feng Shui, bedeutet Wasser, das aufgrund seiner Bedeutung für das Wachstum in enger Beziehung zu Wohlstand steht. Auch in einem sehr kleinen Garten können Sie mit einer Wasserfläche und einem Springbrunnen das Chi entscheidend verbessern. Vermeiden Sie allerdings rechteckige Becken und stehendes Wasser. Damit sammeln Sie schlechtes Chi an. Ebenso sollte ein Bachlauf, der durch Ihren Garten führt, nicht auf einer geraden Strecke dahinschießen, sondern in schwungvollen Bögen dem Chi positive Impulse geben. Zu den chinesischen Traditionen gehören Goldfische. Die optimale Zahl sind acht Goldfische und ein zusätzlicher schwarzer Fisch. Sollte Ihr Teich für diese Anzahl von Fischen zu klein sein, dann setzen Sie eine geringere, aber ungerade Zahl an Fischen in den Teich.

Mehr Tips für den Garten

- Um ein Gleichgewicht zu dem Yin des Blattwerks von Bäumen und Büschen herzustellen, können Sie glatte, ungewöhnliche Steine, die mehr Yang sind, in die Gestaltung mit einbeziehen.
- Wenn Ihr Garten von einer massiven Mauer umgeben ist, können Sie die Yin-Eigenschaften durch eine die Mauer verdeckende Bepflanzung erhöhen.
- Ein runder Tisch sorgt für Metall-Energie und harmonische Chi-Strahlung.
- Achten Sie auch bei der Begrünung des Gartens auf einen Ausgleich von Yin und Yang: Spitzblättrige oder hochwachsende Pflanzen sind mehr Yang, rundblättrige und niedrig wachsende Pflanzen mehr Yin.
- Die Einrichtung eines Steingartens mit hoch aufragenden Steinen und Findlingen kann an der Nordseite des Hauses Berge und damit den schützenden Schildkrötenpanzer symbolisieren.

➤ Für den Garten gilt dasselbe wie für den Hauseingang: Die Tür sollte nicht von einem Baum verstellt sein.

➤ Mischen Sie immergrüne und Laub abwerfende Pflanzen. Die einen stehen für die Kontinuität in der Natur, die anderen repräsentieren den stetigen Wandel. Damit harmonisieren sie zwei gegensätzliche Energien.

➤ Baumstümpfe und anderes totes Gehölz sollten ausgegraben werden. Das starke Yin der abgestorbenen Gewächse beeinflußt das Chi im Garten negativ. Auch Grasschnitt oder gefallenes Laub sollte nicht lange in Ihrem Garten verrotten, sofern Sie es nicht auf einem regelmäßig gepflegten Komposthaufen sammeln.

➤ Bewachsene Spaliere und Pergolen beeinflussen das Chi eines Menschen positiv, wenn er sich darunter aufhält oder hindurchgeht.

Selbst mit geringen Mitteln erreichen Sie durch die Anlage eines kleinen Teichs mit Wasserfall positive Wirkungen auf Ihren Garten. Der Aushub des Sees kann nutzbringend bei der Errichtung eines Steingartens eingesetzt werden.

Die Feng Shui-Soforthilfe

Der Chi-Strom innerhalb einer Wohnung oder eines Hauses wird, wie Sie inzwischen wissen, durch jede Art von Gegenständen, Formen, Farben und Materialien beeinflußt. Schon ein gläserner Briefbeschwerer auf dem Schreibtisch kann sich auf das Chi auswirken. Sollten Ihnen Zeit und Geld für umfangreiche Veränderungen fehlen, läßt sich schon mit geringem Aufwand eine harmonischere Wohnatmosphäre schaffen. Welche Kniffe Sie beachten sollten und welche Accessoires Ihnen schnell und zuverlässig helfen, erfahren Sie in diesem Kapitel. Hier finden Sie auch nützliche Adressen.

Hilfsmittel

Schon in den vorigen Kapiteln wurden einige Hilfsmittel erwähnt, die negatives oder stagnierendes Chi, Standortnachteile und sonstige Fehlbereiche in Ihrem Haus oder Ihrer Wohnung auszugleichen helfen und für positive Veränderungen sorgen. Im folgenden haben wir einige besonders gängige Hilfsmittel zusammengestellt. Probieren Sie das eine oder andere aus, von dem Sie sich eine Lösung Ihres speziellen Problems erhoffen. Wenn Sie nach ungefähr einem Vierteljahr keine spürbare Verbesserung feststellen, haben Sie in dieser Zeit so viele praktische Feng Shui-Kenntnisse gesammelt, daß Sie Ihre eigene Lösung finden werden. Manchmal ist es ein ganz persönlicher Gegenstand - ein Schmuckstück oder ein Brief, der Ihnen sehr viel bedeutet - mit dem Sie das Feng Shui Ihres Wohnumfeldes verbessern können.

➤ **Windspiele:** Die klingenden Mobiles wirken durch Ihre Metallröhren und den Klang, den Sie erzeugen, als Energieverteiler, mit dem ein allzu schneller Chi-Strom umgelenkt werden kann. Voraussetzung für Ihre Wirksamkeit ist, daß Sie den Ton mögen. Wenn das nicht der Fall ist, sind Windspiele als Feng Shui-Hilfsmittel ungeeignet.

➤ **Licht:** Achten Sie überall auf gleichmäßige Helligkeit. Dunkle Zonen sind Bereiche stagnierenden Chis.

➤ **Pflanzen:** Aktivieren Sie Raumecken und wehren Sie Schneidendes Chi mit Topfpflanzen oder Schnittblumen ab. Blühende Pflanzen können die Chi-Energie zudem sofort erhöhen.

➤ **Kristalle:** Echte Bergkristalle bremsen Energie, die etwa durch ein Fenster, das direkt gegenüber einer Tür liegt, entweichen würde. Glaskristalle können mit ihren farbigen Lichteffekten dunkle Ecken aktivieren.

➤ **Wasser:** Bewegtes Wasser sorgt für eine Chi-Anhäufung. Wo der Energiestrom zu stagnieren droht, helfen ein kleiner Springbrunnen oder ein Aquarium. Auch das Bild eines Wasserfalls oder eines murmelnden Baches bleibt nicht ohne Wirkung.

➤ **Perlenvorhänge:** Schnell fließendes Chi kann durch Vorhänge aus Perlen, Muscheln oder Papierkugeln sanft gebremst werden und sich dadurch leichter und gleichmäßig im ganzen Haus verteilen.

➤ **Stoffdrapierungen:** Zu den stärksten Beeinträchtigungen eines guten Feng Shui gehören freiliegende Deckenbalken, die das Chi nach unten drücken. Eine einfache Lösung ist, die Decke mit einem weichen Stoff abzuhängen.

➤ **Pyramide:** Wenn der Energiestrom nach oben gestört ist, leitet die Form einer Pyramide das Chi entsprechend um. Allerdings sollte die Pyramide nicht sichtbar sein.

Schwierige Bereiche

In vielen Gebäuden werden Sie auf bauliche Voraussetzungen stoßen, die sich nur mit hohem Aufwand verändern lassen, was enorm kostspielig sein kann. Mit sehr einfachen Mitteln können Sie aber die Wirkung auf die Energieströme Ihrer Wohnumgebung verbessern. Im folgenden finden Sie einige »Standardsituationen« problematischer Bereiche.

➤ **Raum ohne Fenster:** Tageslicht ist einer der wichtigsten Träger der Chi-Energie. Das macht einen fensterlosen Raum nach Feng Shui-Kriterien außerordentlich problematisch. Sorgen Sie hier mit Glühlampen und Kerzen für so viel Licht wie möglich. Mit Efeu steht Ihnen außerdem eine das Chi verbessernde Grünpflanze zur Verfügung, die mit sehr wenig Licht auskommt.

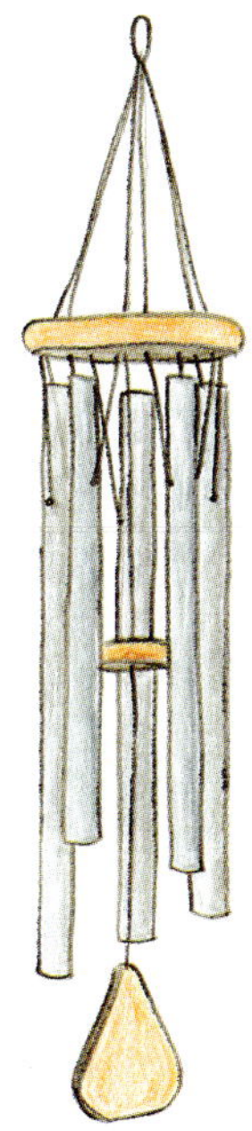

Windspiel

➤ **Dunkle Zimmerecken:** Schützen Sie sich vor stagnierendem Chi in dunklen Ecken durch Spotstrahler, die diese Winkel ausleuchten. Wandlampen eignen sich ebenfalls, wenn sie direkt in der Problemzone angebracht werden. Vielleicht haben Sie die Möglichkeit, glänzende Metallaccessoires in der Nähe der Ecke aufzustellen, die ihrerseits für eine Beschleunigung des Chi sorgen.

➤ **Hervorstehende Kanten im Zimmer:** Vermeiden Sie Schneidendes Chi, indem Sie vor der problematischen Kante eine hoch aufragende Grünpflanze aufstellen oder sie mit einem Vorhang drapieren.

➤ **Dachschrägen:** Schräge Wände unter dem Dach komprimieren die Energie und können zu Depressionen führen. Neutralisieren Sie diese Wirkung, indem Sie mit Hilfe hoher Pflanzen und einer gut ausgeleuchteten Decke die Illusion von Höhe erzeugen.

Hervorstehende Ecken im Zimmer und scharfe Möbelkanten verursachen Schneidendes Chi. Stellen Sie eine Grünpflanze davor auf oder drapieren Sie die problematische Stelle mit Hilfe eines Stoffs.

Adressen- und Bezugsquellenverzeichnis

Adressen, die weiterhelfen:

Dr. Lenkeit Gesellschaft für Gesundes Wohnen mbH
Königin-Luise-Str. 35, 141 95 Berlin, Tel.: 0 30/8 41 76 10

Feng Shui Academy (Seminare)
Seepark 1, A-5310 Mondsee

Internationales Forum: Feng Shui e.V. (Fortbildung und Beratung)
Geschäftsstelle Deutschland, Tel. und Fax: 01805/240888,
Internet: info@feng-shui-forum.de

Katja Prause (Seminare)
Hauptstr. 160, A-9210 Pörtschach

Logos Buchvertrieb (Feng Shui Fachliteratur)
Bahnhofstraße 11, 87477 Sulzberg, Tel.: 0 83 76/9 73 88

Vielharmonie (Versand von Feng Shui Artikeln)
Postfach 1111, 87466 Oy-Mittelberg, Tel.: 0 83 66/98 38 38

Zentrum für Naturheilkunde Reinhold Thoma
Hirtenstraße 26, 80335 München, Tel. 0 89/5 45 93 10

Hersteller-Nachweis

Alno AG
88629 Pfullendorf, Tel.: 07552/210

Club Creation CC Wohndecor GmbH & Co. KG
Postfach 100890, 33508 Bielefeld, 0521/925990-0

Haro-Parkett
Postfach 100353, 83003 Rosenheim, Tel.: 08031/7000

JAB Anstoetz
Potsdamer Str. 160, 33719 Bielefeld, Tel.: 0521/2093-0

JAB Anstoetz
Dammheider Str. 67, 32052 Herford, Tel.: 05221/774-0

Osborne & Little
Josephspitalstr. 6, 80331 München, Tel.: 089/2366000

Register

Die *kursiv* gedruckten Seitenzahlen verweisen auf Illustrationen.